AVENIR
DE
LA FRANCE EN AFRIQUE

PAUL SOLEILLET

EXPLORATION DU SAHARA CENTRAL

AVENIR

DE

LA FRANCE EN AFRIQUE

> Nous devons remplir l'Afrique, où il ne peut plus y avoir de vraie gloire militaire pour une puissance Européenne, non du bruit de nos armes, mais des œuvres vivantes de notre génie civilisateur. P. 2.

Prix : 3 Francs

PARIS

CHALLAMEL AINÉ, LIBRAIRE-ÉDITEUR.

CARTES, PLANS ET OUVRAGES

Du dépôt de la Marine, de la C⁰ⁿ des Phares, du dépôt de la Guerre, de la Cⁱᵉ du Canal de Suez, etc.

5, rue Jacob, 5.

1876

A MON PÈRE

LOUIS-MICHEL-AMBROISE SOLEILLET

(Marseille, 7 décembre 1791. — Nîmes, 6 juillet 1872)

Directeur des Contributions indirectes du département de Vaucluse,
(en retraite) Chevalier de la Légion d'honneur.

Mon père

Toute ma vie est dans ces pages, résultat de mes études et de mes voyages, elles contiennent aussi mes espérances ; je les dépose pieusement sur ta tombe.

6 juillet 1876.

Paul SOLEILLET.

AVENIR

DE

LA FRANCE EN AFRIQUE

Première Liste de Souscriptions

	Exemplaires
M. Philéas Collardeau du Heaume (Paris)	5
La Chambre de Commerce de Lille	20
La Société Géographie Commerciale (Bordeaux)	5
M. Rodel (Bordeaux)	1
La Chambre de Commerce de Bordeaux	2
M. Emmanuel Vauchez (Paris)	50
La Chambre de Commerce de Dunkerque	12
La Chambre de Commerce de Rennes	12
M. Eugène Viénot (Rouen)	1
La Chambre de Commerce de Brest	12
Le Cercle Girondin de Bordeaux	1
M. Raveaud (Bordeaux)	1
La Chambre de Commerce de Roubaix	12
M. Guiraud, Président de la Chambre de Commerce de Nimes	1
La Chambre de Commerce des Vosges	10
La Chambre de Commerce de Nimes	10
La ville de Nimes	10

INTRODUCTION

Porté dès l'enfance par le goût le plus impérieux vers la carrière des voyages, j'étais loin de songer, lorsque j'entrai dans le monde, que moi aussi, je deviendrais l'émule des Mungo-Park, et des René Caillé, dont les vieux récits avaient été pour mes jeunes ans une source inépuisée d'intérêt.

Après un court séjour dans une administration des finances à laquelle appartenait mon père, je commençais (1866) mes voyages en Afrique. Dès mon second voyage (1867) une question toute spéciale, à laquelle je circonscrivais dès lors mes études, seule m'occupait, celle des relations commerciales de l'Afrique centrale avec l'Europe.

Cette étude me montra toute l'importance qu'avait eu ce commerce dans l'antiquité et au moyen-âge, je le retrouvais bien amoindri, mais existant au Maroc et à Tripoli ; depuis, le ramener vers nos possessions de l'Algérie et du Sénégal, a été ma constante préoccupation, et dès lors (1867), je me préparais à un voyage dans l'intérieur de l'Afrique.

Sachant d'une part, que la route qui de l'Algérie aboutit au Soudan Occidental, traverse l'archipel des oasis du Touat et voyant d'autre part que, malgré les renseignements fournis par les indigènes, malgré les explorations faites par des voyageurs français ou étrangers, toutes les routes qui relient le Sahara à la Méditerranée étaient explorées, à l'exception de celle qu'il nous importait le plus de connaître, de la seule qui puisse nous assurer des relations sûres et faciles avec le Sahara Central et le Soudan Occidental (c'est incontestablement la route d'Alger à In-Çalah), mon plan de voyage fut facilement arrêté: me rendre à In-Çalah avec des Chaamba ou autres indigènes de l'Algérie dont la présence au Tildikelt a été constatée par Rolffs; ce voyage, auquel je me préparais dès 1867, je l'ai heureusement exécuté de 1872 à 1874.

J'avais reconnu que le commerce important qui existait autrefois entre le Nord et le centre de l'Afrique avait pendant longtemps traversé la régence d'Alger, ainsi que le témoigne l'ancienne prospérité de Ouargla et autre que cour du Sahara Algérien; mais qu'à la suite des guerres dont le Sud de l'Algérie a été le théâtre depuis l'occupation d'Alger par les frères Aroudj et Kerrédine (1515) jusqu'à la fin de la conquête française (1853), les villes commerciales que possédait cette portion du désert ont été ruinées et en partie détruites. Aussi les caravanes venant du Soudan et voulant soit vendre les productions de la Négritie, soit acheter les produits manufacturés de l'Europe, sont obligées d'aller trouver à l'Est ou à l'Ouest de nos possessions des centres commerciaux, qui comme *Ghadames*, *Mourzouk*, ou les villes du *Tafilalet*, leur procurent les moyens de se livrer à leur trafic sans quitter le désert.

Après m'être occupé théoriquement de ces questions, je résolus d'en essayer la solution pratique. C'était au lendemain de nos désastres. Il me semblait qu'un projet qui pourrait sensiblement contribuer à relever la fortune publique de la France et à rendre à notre chère patrie son influence civilisatrice dans le monde devait être bien accueilli du gouvernement; aussi en Octobre (1871) je remettais à M. de Larcy, mon compatriote, alors Ministre, une note indiquant un moyen qu'aurait la France d'amener sur les marchés Algériens le commerce du Sahara Central et du Soudan Occidental, je proposais et la création de docks entrepôts dans l'oasis de Laghouat et l'exploration du Sahara entre cet oasis et In-Çalah.

Il ne fut fait à ma note aucune réponse. J'eus l'occasion d'entretenir les 5 et 14 Mars 1872, de mes projets M. Felix de Surville de Marseille, et d'après ses conseils je les présentai à Paris à la Société générale Algérienne.

Arrivé à Paris vers les premiers jours de Mars 1872, je remettais le 3 Avril des notes sur un projet pour *l'établissement de docks à Laghouat*, au directeur de cette société, qui après avoir aprouvé mon idée en principe, désirait la faire étudier à Alger (1).

Sans se prononcer, la Société générale Algérienne me fit dire par son directeur d'alors, M. de Guigné, que son intention n'était pas d'entreprendre immédiatement une pareille affaire, mais le conseil m'était donné de me rendre en Afrique, où avec l'aide du Directeur du Comptoir d'Alger, auquel on me recommandait, je pourrais réaliser mes projets.

Mon ardent désir de les voir réussir m'empêcha de comprendre qu'il n'y avait là qu'une fin de non-recevoir polie, et je partis le cœur plein d'espérance. Arrivé dans les premiers jours de Septembre en Algérie, je ne tardais pas à me rendre compte qu'il me serait impossible de rien organiser et qu'il fallait avant tout remettre la question des relations commerciales de la France avec le Soudan par l'Algérie à l'ordre du jour.

J'étais inconnu, seul, sans protecteur, sans argent ; mais j'avais en moi, comme je l'ai encore, grâce à Dieu, cette confiance absolue que donne la foi dans une idée que l'on

---

(1) L'*Algérie Française*, journal d'Alger, a publié dans ses numéros des 19, 20, et 23 Avril 1873, mes notes sur l'*Établissement des Docks à Laghouat* et les *observations* qui y furent faites par le Directeur de la Société générale Algérienne à Alger. P. S.

sait vraie et j'osais essayer de mettre en œuvre un projet qui devait créer des relations suivies de commerce et d'amitié entre la France et les peuples du Sahara Central et du Soudan Occidental.

Une telle entreprise avait toujous paru d'une exécution difficile au Gouvernement lui-même, qui avait en vain tout tenté, à un moment donné, de 1812 à 1862, et qui depuis la mission de Ghadamès se bornait à former des vœux sans plus rien entreprendre, entreprise qu'une société puissante n'ose encore aujourd'hui essayer de réaliser.

Ayant trouvé dans un de mes amis, M. Furche, qui écrivait alors dans l'*Algérie Française*, journal d'Alger, le moyen d'entretenir de mes projets le public algérien, je confiais à son amitié le soin de commencer une campagne en leur faveur pour remettre sous les yeux du public une question qui a tant de titres pour être populaire en Algérie ; je quittai (fin Septembre 1872) Alger pour l'oasis de Laghouat et de là je fis une première exploration dans le Sahara Central, au cours de laquelle je visitai les oasis des Beni-Mzab et des Chaamba, ainsi que les queçour du Djebel-Amour.

De retour à Alger au mois d'Avril 1873, je présentais à la chambre de Commerce de cette ville, revêtu de l'approbation des deux hommes les plus compétents en de telles questions, le général Mircher, ancien chef de la mission de Ghadamès, et le docteur Warnier, député d'Alger (1), un projet d'exploration commerciale d'Alger à l'oasis d'In-Çalah.

La Chambre voulut bien accorder son haut patronnage à ma future expédition, et le 26 juin elle réunissait les principaux négociants de sa circonscription, devant lesquels j'étais

---

(1) Voyez à la fin du volume, *pièces justificatives*, A, lettre de M. Warnier à la chambre de Commerce d'Alger, p. 70 ; B. rapport de la Chambre de Commerce d'Alger à M. le gouverneur général civil de l'Algérie, sur l'exploration commerciale et scientifique de M. Paul Soleillet à l'oasis d'In-Çalah, p. 75 ; C. lettre de M. le gouverneur général civil de l'Algérie à la Chambre de Commerce d'Alger (réponse à son rapport, p. 98).

admis à exposer mon projet de voyage et l'avenir que je croyais réservé au commerce et à l'industrie de la France dans l'intérieur de l'Afrique ; je terminais ma communication en disant : « J'ai dépensé sept ans de ma vie et une « partie de ma fortune à la réalisation d'une idée ; je ne de- « mande qu'une chose : que cette idée, si elle est reconnue « utile, profite à mon pays. » Les journaux de l'Algérie, notamment l'Algérie française du 28 juin 1873, ont rendu compte de cette séance ; la presse, tant de la métropole que de la colonie, avait discuté sérieusement mes idées, et cela généralement avec la plus grande bienveillance, je suis heureux de le reconnaître ici.

Après de nombreuses difficultés dont j'ai rendu compte ailleurs (1), je quittais Alger le 27 décembre 1873. Le but de mon voyage était cette mystérieuse oasis d'In-Çalah, *encore plus impénétrable aux chrétiens que Tombouctou*, ainsi que le dit M. Duveyrier.

J'avais promis à la Chambre de Commerce d'Alger, au Gouvernement, à la société de Géographie, de me rendre d'Alger à l'oasis d'In-Çalah, et de ramener avec moi des marchands du Touat porteurs des produits du Sahara et du Soudan, que je mettrais, à Alger même, en relation avec le commerce français ; ces promesses que j'ai faites, je suis heureux de pouvoir le dire, je les ai toutes tenues.

Je ne veux point raconter ici mes voyages, j'ai cru cependant que les détails qui précèdent auraient leur utilité au début de ce travail ; car ils serviront à établir que les projets dont je poursuis aujourd'hui la réalisation ont été à leur conception entourés de toute l'étude et de toute la réflexion nécessaires pour pouvoir en poursuivre l'accomplissement sans hésitation et sans faiblesse.

(1) Voyez : *Exploration du Sahara Central*, voyage de Paul Soleillet, d'Alger à l'Oasis d'In-Çalah.— Rapport présenté à la Chambre de Commerce d'Alger — Alger — A. Jourdan 1874.

PAUL SOLEILLET
EXPLORATION DU SAHARA CENTRAL

AVENIR
DE
LA FRANCE EN AFRIQUE

I

De l'influence que devraient nous donner en Afrique nos colonies de l'Algérie et du Sénégal.

Par ses possessions de l'Algérie et du Sénégal, la France devrait voir toute l'Afrique occidentale, de Tripoli au lac Tschad, du lac Tschad au Bénin, du Bénin au cap Vert, du cap Vert au Sénégal, du Sénégal à Tombouctou, de Tombouctou au Maroc, ouverte à son commerce, à son industrie, à ses mœurs et à sa civilisation.

Or, malgré la situation heureusement exceptionnelle que nous donnent en Afrique deux conquêtes, dont l'une remonte déjà à des siècles, ce n'est point notre influence qui y est prépondérante ; chaque jour, au contraire, nous voyons celle de nos rivaux y prendre une nouvelle importance. Un tel état de choses est, non-seulement préjudiciable à la fortune publique de la France, dont le budget est ainsi grevé des frais occasionnés par l'occupation en Afrique de territoires qui ne lui procurent point les principaux avantages qu'elle devrait en retirer, mais il est aussi humiliant pour notre amour-propre national, car nous devons remplir l'Afrique, où il ne peut plus y avoir de vraie gloire militaire pour une puissance européenne, non du bruit de nos armes, mais des œuvres vivantes de notre génie civilisateur.

Ce que nous n'avons pas su faire jusqu'à présent, il est encore temps de le commencer. Il ne s'agit pas de nouvelles conquêtes, qui nous donnant simplement à garder des territoires, tels que nous en avons déjà tant, et que nous ne pouvons ni coloniser ni administrer, ne serviraient qu'à augmenter les frais d'occupation, sans nous procurer le moindre avantage, et auraient, au contraire, pour résultat, de nous aliéner définitivement des populations prêtes à nous servir d'auxiliaires dans des tentatives pacifiques, mais qui veulent, avant tout, conserver leur indépendance et leur autonomie.

Nous avons un moyen plus puissant que les armes pour faire pénétrer en Afrique notre influence civilisatrice : c'est le commerce, qui seul, par les relations que nécessite l'échange régulier des produits, par le bénéfice mutuel qu'il procure et qui ne coûte rien à la foi politique ou religieuse, crée entre les hommes de diverses races des rapports amicaux, et a toujours été le grand missionnaire de la civilisation.

Fortement installés comme nous le sommes sur les deux mers qui baignent l'Afrique occidentale, ayant nos deux colonies reliées par le Sahara, qui nous appartient, au Nord, par l'Algérie et où nous pénétrons, au Sud-Ouest, par le Sénégal, il ne nous reste qu'à vouloir profiter de la position exceptionnelle que nos armées ont su nous conquérir en Afrique, où nous sommes mieux placés que l'Égypte et surtout que ne le sont le Maroc et Tripoli, pour rayonner pacifiquement sur toute l'Afrique centrale.

Constatons ici que, malgré les nombreuses tentatives faites par les Anglais, les Américains et les Allemands pour pénétrer dans le Soudan de l'Ouest par la côte occidentale, le Sahara, aujourd'hui comme du temps d'Hérodote, est resté la grande voie commerciale de cette portion du continent africain.

En jetant les yeux sur une carte, ce qui frappe immédiatement c'est que le Soudan occidental est beaucoup plus rapproché de l'Océan que de la Méditerranée. Aussi l'idée générale a-t-elle été de tout temps que la route qui y conduisait devait partir de l'Océan. C'est parce qu'il partageait cette erreur, que le grand Colbert conseilla à Louis XIV la conquête du Sénégal, et qu'il convertit en établissements définitifs les simples comptoirs que nous possédions sur la côte depuis 1364, époque où les Dieppois firent les premiers connaître l'Europe aux populations de ces rivages. Cette erreur de Colbert a été d'ailleurs celle des Anglais jusqu'au jour où ils se sont aperçus que le commerce qui se fait dans le Soudan occidental et le Sahara central était tombé entre leurs mains de lui-même et pour ainsi dire à leur insu par Malte et la Tripolitaine d'un côté, et par Gibraltar et le Maroc d'un autre côté.

C'est qu'en effet, malgré les efforts tentés pour l'attirer dans un sens contraire, le mouvement commercial ne suit pas ici les versants géographiques et qu'il incline tout entier par le Sahara, vers la Méditerranée.

Cette suprématie, le Sahara la doit à son climat également sain pour l'homme de race blanche et de race noire, à la facilité de parcourir ses routes avec des animaux de bât, enfin à sa population d'origine Berbère, apte au grand commerce et qui a conservé vivants dans ses mœurs les vestiges d'une civilisation qu'elle tient de Carthage et de Rome.

Les communications entre le Soudan occidental et l'Océan, ne peuvent d'ailleurs avoir lieu par ses fleuves, que des rapides insurmontables ferment bientôt à la navigation, lorsque les hauts-fonds de leur embouchure n'en ont pas interdit l'entrée ; elles ne sauraient davantage avoir lieu par terre, parce que les marécages qui s'étendent du côté de la mer ne permettent pas l'emploi de chariots ni de bêtes de somme, qui ne vivent pas sous un climat où l'homme seul de race noire peut être employé pour les transports.

Si le climat du Sahara est sain pour l'homme de race blanche et de race noire, celui du Soudan est meurtrier pour le blanc. Enfin les populations du Soudan, quoique sédentaires et agricoles, n'ont aucun des usages qui permettent une sérieuse extension commerciale ; toutes leurs opérations se bornent à des trocs en nature, et encore sont-ils entravés par les prétentions exagérées d'une foule de principicules qui se partagent son territoire et qui vendent chèrement aux négociants le droit de trafiquer chez eux.

La côte occidentale permet seulement des établissements analogues à ceux que les Portugais y entretiennent depuis le XVe siècle, établissements qui peuvent faire la fortune de particuliers ou de compagnies, mais ne sauraient jamais ni ouvrir l'Afrique à la nation qui les possède, ni devenir pour elle une force dans le monde moderne.

Les Portugais, ceci est bien remarquable, n'ont jamais eu dans l'Afrique centrale l'influence que les Musulmans du Maroc et de la Tripolitaine y exercent, influence que ces Musulmans doivent principalement à la route qu'ils ont suivie pour y pénétrer.

II

Des routes commerciales du Sahara.

Actuellement toutes les relations entre l'Afrique septentrionale et l'Afrique centrale s'effectuent exclusivement par les routes du Maroc et de la Tripolitaine.

Des caravanes se forment dans la Tripolitaine, à Mourzouk, capitale du Fezzan, qui est mise en rapport avec l'Europe par Tripoli, Bengazy, ou l'Égypte; elles se rendent au lac Tschad par Blima, à Aguedes par Ghat, à Tombouctou par In-Çalah.

De Ghadames, ville exclusivement en relation avec l'Europe par Tripoli, les caravanes se rendent par Ghat à Aguedes, au lac Tschad par Blima, mais elles se rendent surtout à In-Çalah et de là soit à Aguedes soit à Tombouctou.

Au Maroc, chaque année, une grande caravane part avant la fin de septembre d'Akka et de Tendouf pour Tombouctou, des caravanes s'y organisent dans le Tafilalet, dont les villes commercent avec l'Europe par Mogador, en relation surtout avec Gibraltar, et du Tafilalet elles vont quelquefois directement à Tombouctou, le plus souvent à In-Çalah, à Aguedes et Kano.

A In-Çalah, à Timimoun, dans tout le Touat, où il existe un commerce puissant et bien établi, il se forme aussi des caravanes qui se rendent à Mogador, Tombouctou, Aguedes, Kano, Ghat, Ghadames.

Ainsi on le voit, ni l'Algérie, ni la Tunisie ne prennent aucune part à ce mouvement commercial. La situation géographique de Tunis suffit seule pour expliquer ce fait: c'est de tous les ports de la côte septentrionale d'Afrique le plus éloigné du point central où convergent toutes ces relations; ce point central est incontestablement l'oasis d'In-Çalah ; en outre Tunis est à une distance beaucoup plus considérable de la place commerciale du Sahara oriental, Ghadames, que ne l'est Tripoli.

L'Algérie heureusement n'est point dans cette situation ; c'est là, au contraire, que nous trouvons les routes qui mènent le plus naturellement du Nord dans le centre de l'Afrique, celles qui pendant le moyen-âge, étaient les plus suivies.

C'étaient celles :

1° De Tlemcem à In-Çalah par l'oued Guir ; c'est cet oued que le général de Wimpffen a rencontré dans sa dernière expédition d'*Aïn-Chaïr* (la Fontaine de l'orge). Un des affluents de ce cours d'eau passe à Figuig. D'après une lettre du général de Wimpffen, adressée à la Société de géographie, « le territoire qui s'étend de l'oued Guir à notre « frontière n'a aucun des caractères du désert ; il est habité « par une population de 130,000 âmes environ, soit séden- « taire, soit nomade ayant fixé au sol des intérêts matériels « considérables ; »

2° De Geryville à Timimoun et au Touat ; parcourue par le commandant Colonieu en 1860 ;

3° De Constantine et d'Alger, aboutissait à Ouargla, et de là se rendait directement au Haoussa par la plaine et la Sebka d'Amaghor. Cette route fut une des plus importantes de tout le Sahara. Ouargla était encore il y a un siècle un centre commercial considérable, possédant de nombreux comptoirs qui trafiquaient d'une façon permanente avec Aguedes et le Soudan. Mais les luttes qui s'élevèrent entre les diverses fractions des gens d'Ouargla, des Touareg et d'Aguedes, détruisirent dans leur source ce mouvement commercial, et sur cette route, jadis tant parcourue, il ne se trouve plus un seul puits en état ;

4° De Constantine à Ghadames par Tuggurth et le Souf. Quoique les principales relations des Souafa soient avec la Tunisie, où ils vont vendre leurs dattes de très-belle qualité et acheter des produits européens et du blé, les Souafa vont aussi à Tuggurth et à Ghadames (1). Cette route a été suivie par de nombreux voyageurs français, notamment par M. de Bonnemain en 1856, M. Henri Duveyrier en 1860, le général Mircher et la mission des Ghadames en 1862, et enfin tout dernièrement par Dourneaux Duperré et Joubert, morts assassinés entre Ghadames et Ghat.

5° De Laghouat à Ghat par Ouargla et El-Beyod, route qui a été suivie en 1858 par M. Ismaël Bouderba ;

6° De l'Algérie au Niger, route directe qui passe par Laghouat, le Mzab, El-Golea, In-Calah, et aboutit à Tombouctou.

Cette dernière est de beaucoup la plus intéressante, non-seulement pour l'Algérie et pour la France, mais aussi pour les autres nations, puisque c'est celle qui doit réunir nos deux colonies d'Afrique à la position maîtresse de Tombouctou, les joindre entre elles et mettre en communication, à travers le Sahara, l'Océan à la Méditerranée, l'Amérique et l'Europe.

La transformation qui s'opèrera dans l'Afrique occidentale le jour où l'Océan sera ainsi mis en rapport avec la Méditerranée par la voie de terre n'a échappé a personne. Tel a été le but poursuivi par de nombreuses expéditions anglaises. Tel a été celui qu'ambitionnait d'atteindre et qu'a atteint l'illustre voyageur français René CAILLÉ.

Depuis 1855, notre Société de géographie, dans sa sollicitude pour le développement de l'influence française, et dans le désir de voir la science et la civilisation pénétrer pacifiquement dans l'intérieur de l'Afrique, a fondé un prix spécial pour le voyageur qui, parti de l'une de nos deux colonies, atteindrait l'autre en passant par Tombouctou. Les hommes spéciaux qui composent cette illustre compagnie, pensent avec raison que, reliées entre elles, nos deux possessions deviendraient les deux pôles d'un courant de civilisation qui traverserait l'Afrique en la vivifiant ; ils savent que la clef du Niger est Tombouctou et connaissent com-

(1) Voyez *Mission de Ghadames*, p. 136, 1 vol. in-8° Alger, — DUCLAUX, 1863.

bien sont fertiles et populeuses les contrées qu'il baigne.

Avant d'examiner dans le détail cette route, je veux signaler la grande loi physique du Sahara (1); je n'ai eu l'honneur ni de la découvrir, ni de la formuler, mais je l'ai constamment eue présente à l'esprit lorsque (1866 à 1870) j'étudiais théoriquement en Afrique le moyen de relier par le Sahara l'Europe au Soudan, et je n'ai eu garde de l'oublier le jour (septembre 1872) où j'ai commencé mes explorations dans le Sahara central :

Dans le Sahara, tous les points sensiblement au-dessus du niveau de la mer, possèdent un climat apte au développement des hommes de race blanche; dans toutes les dépressions du Sahara, ainsi que dans les lieux peu sensiblement au-dessus du niveau de la mer, l'homme de race noire peut seul se développer.

Je pourrais citer de nombreux exemples corroborant cette loi. Il me suffira de rappeler celui d'Ouargla, qui, bien que plusieurs fois conquise par des populations blanches, est restée une ville exclusivement nègre, d'où émigrent pendant certaines saisons tous les habitants qui ne sont point de sang noir.

Or, la route naturelle d'Alger à Tombouctou et de Tombouctou au Sénégal, par le Sahara, offre cette particularité toute providentielle de se tenir constamment bien au-dessus du niveau de la mer, et de ne traverser que des centres où la population blanche peut se développer. Les Berbères du Mzab et d'In-Çalah sont de sang blanc ; des hommes

---

(1) Une étude complète du Sahara nous montre toutes les régions basses des lits des anciennes sebka habitées par des noirs et toutes les régions élevées et sèches environnant ces bas-fonds peuplées de blancs. Il y a dans ce cantonnement général autre chose que le fait d'importation d'esclaves, car les tribus des hauts plateaux ont reçu autant d'esclaves noirs que celles des bas-fonds. Je ne puis m'empêcher d'y voir l'application d'une des lois les plus simples de la nature. Le sang nègre a vaincu le sang blanc dans les lieux où le climat se rapproche de celui de la négrétie; le sang blanc a dominé le sang nègre partout où la race blanche a retrouvé les conditions du climat originel.

Les plantes ne se conduisent pas autrement. La plus vivace étouffe la plus faible. Henri Duveyrier, *Les Touareg du Nord*, p. 288.

appartenant à cette même race berbère et à la race arabe ont pu facilement s'acclimater à Tombouctou. Ce sont aussi des berbères connus sous le nom de maures qui habitent en partie le Sénégal. Au XVIII° siècle, Brue, le grand organisateur du Sénégal, disait : *Les Maures n'ont pas de médecin, vu que l'air du Sahara est très-sain.*

Cet avantage capital suffirait pour faire choisir cette route; mais elle en a d'autres tout aussi importants. Elle commence à Alger, ville complétement française et l'on y est en Europe jusqu'à l'oasis de Laghouat.

La situation géographique de Laghouat, en communication directe avec la mer par la route d'Alger (route nationale qui va être transformée pour les besoins de l'exploitation des ALFA en un chemin de fer), avec le Touat par celle du Mzab et d'El-Golea à In-Çalah, indique naturellement cette localité comme l'un des points d'où doivent partir les relations entre le Nord et le centre de l'Afrique, relations qui existaient et avaient une grande importance avant la cession de Laghouat aux Turcs par le Maroc, il y a environ 180 ans. Cette oasis, du reste, occupe, au point de vue du commerce avec l'intérieur de l'Afrique, une situation tout à fait exceptionnelle. Les caravanes qui viennent d'Aguedes dans le Haoussa, de Ghat, et de Timimoun dans le Touat et veulent se mettre en communication sûre et rapide avec la mer, devraient toutes venir passer là. Laghouat se trouve à 168 kilomètres des villes du Mzab (1).

Les Beni-Mzab sont une confédération de 40 à 50 mille Berbères berberisants, qui spontanément après la prise de Laghouat reconnurent la suzeraineté de la France. Ils payent un léger tribut, mais ils ont conservé leur autonomie et se gouvernent par leurs lois et leurs usages. Cette population commerçante et agricole peut facilement deve-

(1) Les villes du Mzab au nombre de sept sont : au Nord Berriane, au Sud Guerrara, qui se trouve à 60 kilomètres de El-Atteuf, qui est elle-même à 12 kilomètres du groupe central composé de quatre petites villes qui forment un quadrilatère, toutes situées sur le sommet de collines et dont la plus importante, Gardaïa, ne compte pas moins de 14,000 habitants. Les autres villes du groupe central, distantes seulement entre elles de 4 à 6 kilomètres, ont pour nom : Beni-Isguen, Melika, Bou-Noura. P. S.

nir l'auxiliaire du commerce européen. Actuellement presque tous les Beni-Mzab parlent français ; beaucoup le lisent et un certain nombre savent l'écrire.

Du Mzab la route d'Alger au Niger va passer à El-Goléa.

Cet oasis, aujourd'hui français, est situé à 936 kilomètres au Sud d'Alger, dans un lieu où la terre est fertile et où les eaux sont abondantes et de très bonne qualité. C'est à ce point que l'on rencontre les dunes, les sables mouvants qui ceignent tout le Sahara algérien, mais A CE SEUL POINT, leur traversée au lieu de demander cinq, six et dix journées, ainsi qu'il les faut à l'Est et à l'Ouest, se réduit à quelques heures.

D'El-Goléa à In-Çalah, la route ne rencontre plus de difficultés naturelles, et l'on trouve des puits creusés dans de nombreux ouad, tous les jours et quelquefois plusieurs fois par jour ; ces puits ont de l'eau de bonne qualité en toute saison.

L'oasis d'In-Çalah occupe dans le Sahara une situation unique « lorsque du Maroc, de la Tripolitaine, de l'Égypte « même, on veut se rendre dans le Soudan de l'Ouest, il « faut passer là, et quand on veut, de Tombouctou des rives « du haut Niger, du Sénégal ou de la Gambie, revenir au « lieu que l'on avait quitté, In-Çalah est encore le phare « invisible qui dirige la marche des caravanes. » O. MAC CARTY.

C'est bien là que passe la route de l'Algérie au Soudan.

Le général Mircher s'exprime ainsi au sujet du Touat : « Si l'on jette les yeux sur une carte de l'Afrique centrale, « on reconnaît que la route de l'Algérie au Soudan traverse « l'archipel des oasis du Touat, soit que l'on veuille aboutir « à Kano ou autres marchés du Haoussa (1). »

Le docteur BARTH apprécie de la façon suivante la situation du Touat au point de vue commercial : « Le Touat avec « son prolongement du Nord-Ouest, le Tafilalet ou Sid- « jilmess du moyen-âge, forme l'intermédiaire naturel en- « tre ces fertiles contrées et le Nord et qu'il s'agisse de Tom-

---

(1) *Mission de Ghadamès*, p. 36, 1 vol. in-8°, Alger, 1863, Duclaux.

« bouctou, de Walata ou de Ganata, toute cette région cons-
« tituera toujours un grand entrepôt commercial, tant que
« les populations travailleront à l'établissement de rapports
« internationaux et à l'échange de leurs produits respec-
« tifs (1). »

In-Çalah est surtout la principale étape de la route qui mène de la Méditerranée à Tombouctou et au Niger.

Karl Ritter et tous les géographes qui se sont occupés de l'Afrique, ont été frappés de la situation topographique de Tombouctou. Cette ville, en effet, placée au point où le grand fleuve de l'Afrique occidentale pénètre dans son cours sinueux le plus au Nord dans le Sahara, se trouve en même temps et un port du Niger et un queçar du désert. Les oasis de Mabrouk et d'In-Çalah, la mettent en communication avec l'Océan par Timimoun et le Tafilalet, avec la Méditerranée par El-Golea, le Mzab, Laghouat; avec l'Égypte par Ghat et Mourzouk. De Tombouctou, des routes fréquentées mènent à Aguedes, à Kano, à Kouka. Par le fleuve dont elle est la véritable clef, elle devient le centre naturel de toutes les fertiles et populeuses contrées que baigne le Niger. Tombouctou enfin peut entrer en relation facile avec le Sénégal, soit que, remontant le Niger jusqu'à Sego on aille de Sego à Bakel emprunter la voie du Sénégal, soit que se dirigeant à l'Ouest du Niger, on suive la route du Sahara, toujours de facile parcours jusqu'à Podore et Saint-Louis. Aussi, quel que soit aujourd'hui le nombre de ses habitants et la valeur de son commerce, cette ville qui s'est élevée dans un emplacement indiqué par la nature elle-même le jour où elle sculptait les continents, est destinée à devenir un centre rayonnant de commerce et de civilisation; ce rôle, d'ailleurs, Tombouctou l'a déjà joué lorsque les Musulmans y apportèrent, avec l'islam, leur science, leur négoce et leurs mœurs.

(1) *Voyages et découvertes dans l'Afrique septentrionale et centrale*, par le docteur H. Barth, t. IV, p. 107, édit. française.

III

Causes qui ont fait cesser les relations de l'Algérie avec l'Afrique Centrale.

Le mouvement commercial de la régence d'Alger avec le Sahara central et le Soudan fut des plus considérables, ainsi qu'en témoigne hautement l'antique prospérité de Tlemcen, Ouargla et bien d'autres villes de l'Algérie, qui se trouvaient en rapports suivis avec l'Afrique centrale.

Ce commerce s'éloigna de la Régence lors de l'installation du gouvernement exclusivement militaire des Turcs à Alger, et il alla constamment en diminuant, pour cesser complètement le jour de l'occupation française. Alors, en effet, commence une période de luttes sanglantes et continuelles entre notre armée et l'élément indigène, car il nous a fallu prendre pied à pied et les armes à la main toutes les différentes parcelles qui composent aujourd'hui le territoire de notre Algérie. Cette lutte contre une race forte, énergique et tenace s'était étendue aux trois provinces de Constantine, d'Alger et d'Oran ; toutes les tribus s'y trouvaient englobées, et elle s'est prolongée pendant de longues années, en enlevant au commerce du Sud en Algérie toute espèce de sécurité, par la crainte de voir ses caravanes tomber entre les mains des combattants, quels qu'ils soient.

Si l'insécurité des routes a suffi pour éloigner de nos possessions de l'Algérie un trafic qui fit autrefois la prospérité de notre Sahara, où se trouvait des villes plus importantes qu'aucun chef-lieu de nos départements Algériens,— Ouargla a eu 100,000 habitants, la seule oasis d'El-Golea contenait plus de 70 villages, — nous n'avons pu par la seule pacification du Sahara ramener ce courant vers l'Algérie.

Diverses raisons ont été données de ce fait ; celle que l'on répète le plus souvent qui est la plus populaire est : « *La traite des noirs est interdite en Algérie, les caravanes ne peuvent plus y apporter la seule marchandise qui se transporte elle-même et peut, par conséquent, supporter les frais et les lenteurs d'un voyage à travers le désert.* »

Cette assertion tombe devant les considérations suivantes :

1º Les Musulmans n'ont jamais eu dans le Mogreb d'exploitations agricoles ou autres, qui comme les habitations des colons Européens dans le nouveau monde aient demandé l'emploi de bras nombreux. La traite n'y a jamais eu aussi une sérieuse importance. La terre y est cultivée par des hommes libres, qui se contentent pour leur salaire d'un cinquième de la récolte. Une organisation analogue existe pour la garde des troupeaux. En dehors des noirs que l'Empereur du Maroc achète pour sa garde spéciale, tous ceux qui sont importés dans le Mogreb deviennent des domestiques. Les marchands peu nombreux qui se livrent à ce commerce, rapportent surtout des négresses (1), et elles se vendent ainsi que les noirs, en Algérie comme ailleurs. La loi française a aboli l'esclavage ; mais cette loi, qui n'a jamais été appliquée dans le Sud Algérien, est peu observée par bien des indigènes du Nord.

2º Le commerce des nègres n'est ni aussi avantageux ni aussi facile qu'il le paraît ; dans le Sahara l'on ne fait porter aucun fardeau aux noirs ; ils marchent, il est vrai, mais ils peuvent tomber malades, mourir ou s'enfuir ; il faut à dos de chameaux transporter leur eau et leur nourriture, et le poids de la nourriture d'un nègre, représente un poids de plumes d'autruche, d'or ou d'ivoire bien supérieur à la valeur du nègre lui-même, pour un négrier, s'entend.

Trouverons-nous dans le fanatisme des populations indi-

---

(1) J'ai toujours vu dans les caravanes d'esclaves, que j'ai rencontrées dans le Sahara, au moins dix femmes pour un homme, et encore ce ne sont que des petits garçons ou de tout jeunes gens ; quant aux femmes, il y en a de tout âge, j'en ai vu dont les cheveux étaient entièrement blancs. P. S.

gènes la cause qui les empêche d'entrer en relations commerciales avec nous?

« Ce serait ne connaître ni les Arabes ni l'histoire de leurs
« relations avec la France, l'Espagne et l'Italie au Moyen-
« Age, à cette époque de la glorification la plus insensée du
« fanatisme religieux musulman ; ni ces curieux traités qui,
« non-seulement ouvraient les ports barbaresques à l'Eu-
« rope méridionale, mais qui donnaient droit de cité sur la
« côte à des comptoirs, à des couvents, permettaient aux
« Pisans de se mêler aux caravanes sahariennes et dont les
« dates ont cela de remarquable qu'elles coïncidaient avec
« celles des croisades. Ainsi, pendant que d'un côté les che-
« valiers chrétiens guerroyaient avec l'infidèle, l'infidèle, de
« l'autre, pactisait avec des marchands chrétiens. » AUSONE
DE CHANCEL (*Cham et Japhet*) (1).

C'est ainsi que se sont formées ces colonies italiennes et espagnoles de l'Afrique septentrionale, colonies qui vont en augmentant chaque jour. Les Italiens, cela sans tirer un seul coup de fusil, sont proportionnellement aussi nombreux en Tunisie que les Français le sont en Algérie ; si aujourd'hui le français est la langue d'Alger, depuis longtemps l'italien est celle de Tunis, et l'espagnol celle de Tanger.

C'est ainsi que nous sommes appelés à nous installer pacifiquement dans le Sahara et le Soudan, mais pour arriver à ce résultat, ce ne sont plus des soldats et des chassepots qu'il nous faut montrer dans le désert, mais ce sont des marchands qu'il est essentiel d'y faire venir (2).

La cause réelle qui a empêché jusqu'à ce jour que des rapports commerciaux s'établissent entre nous et les popu-

---

(1) Voyez aussi L. DE MAS-LATRIE: *Traité de paix et de commerce* (concernant les relations des chrétiens avec les Arabes de l'Afrique septentrionale au Moyen-Age), 1 vol. in-4°, Henri Plon, Paris, 1868.

(2) En 1836, M. le général Comte de la Rue, chargé d'une mission auprès de l'empereur de Maroc, était à Mesquinez et s'entretenait avec un des hauts dignitaires de l'Empire : il lui parlait de la France, de ses ressources en hommes, chevaux, canons, armes, vaisseaux, etc., etc., etc. Un *taleb* de l'empereur présent à cet entretien et qui avait écouté avec attention le plénipotentiaire français, répondit : *Vous feriez bien plus sur les Arabes avec des médecins et des marabouts qu'avec des canons et des fusils.* — DE NEVEU.

lations du Sahara, c'est l'absence en Algérie, dans les lieux que ce commerce peut fréquenter (1), de centres commerciaux, qui, comme Ghadames ou les villes du Tafilalet, permettent aux caravanes sahariennes qui ne peuvent pénétrer dans le Tell de faire dans le Sahara même leurs trafics.

Depuis 1872 (2), je ne cesse de répéter que c'est là le vrai et le seul motif qui s'oppose à ce que les caravanes viennent sur les marchés du Sahara algérien, car elles n'y trouveraient aujourd'hui ni à vendre les productions du Soudan, ni à acheter les produits manufacturés de l'Europe.

(1) En entrant dans le Tell, on est obligé de changer de chameaux ; la cause en est une plante qui est un poison violent pour le chameau du Sahara et certaines mouches dont les piqûres sont mortelles pour lui.   P. S.
(2) Voyez : le *Crédit*, journal de Paris, du 23 avril 1872.
L'*Akhbar*, journal d'Alger, du 4 mai 1872.
L'*Algérie française*, journal d'Alger, du 8 janvier 1873, etc., etc., etc.

IV

Moyens proposés pour ramener en Algérie le commerce de l'Afrique Centrale.

L'importance qu'acquerraient les départements Algériens le jour où ils seraient en relations commerciales avec l'intérieur de l'Afrique est trop évidente pour qu'elle puisse échapper à l'administration française. Aussi tous les gouverneurs qui se sont succédé en Algérie depuis 1830 se sont tous plus ou moins préoccupés des moyens d'établir par l'Algérie des relations avec l'Afrique centrale.

Dès 1838, un homme dont le nom serait bien populaire en France, si l'on s'y intéressait sérieusement à ceux qui se dévouent obscurément pour l'extention commerciale du pays, M. Sutil (1), ingénieur français résidant au Fezzan, proposait au gouvernement du roi Louis Philippe :

1^r D'amener à Constantine les caravanes qui passent à Mourzouk ;

2° De diriger sur l'Algérie une émigration de noirs ;

3° D'établir des consulats Français dans le Sahara comme devant permettre à la France de commencer *cette mission providentielle que le ciel lui destine, et qui sera son plus beau*

---

(1) M. Sutil a publié dans la revue de l'Orient de 1845 (Paris) trois articles des plus remarquables où sont exposées ses vues et ses projets et qui ont pour titres :

1° Histoire d'Abd-el-Gelil, sultan du Fezzan (assassiné en 1842).

2° Considérations politiques et commerciales sur Ghadames, suivies d'un itinéraire de Tripoli à Ghadames.

3° Marche des caravanes de l'Afrique centrale. — Moyens à employer pour les faire arriver en Algérie.

titre de gloire, celle de faire pénétrer dans ces contrées inconnues des germes de civilisation, d'ouvrir un vaste et riche champ aux explorations des savants, et enfin de donner à notre commerce d'immenses débouchés.

De son côté Abd-el-Gelil, alors sultan indépendant du Fezzan écrivait au roi Louis Philippe et lui demandait comme une faveur de vouloir bien accréditer auprès de lui M. Sutil en qualité de consul. Il y avait là une occasion unique de conquérir pacifiquement une grande portion de l'Afrique centrale ; Abd-el-Gelil était en rapport d'amitié avec les Tibbou dont plusieurs reconnaissaient sa suzeraineté ; c'est chez eux que son fils Mehemet, suivi des Oulad Soliman et de plus de 60.000 Fezzanais, se retira lorsqu'à la mort d'Abd-el-Gelil, assassiné après avoir été fait prisonnier en 1842, le Fezzan devint un simple *nayé* de l'empire Ottoman dépendant de l'*eyalet* de Tripoli et que Mourzouk eut son sultan remplacé par un *Kaimacan* sous les ordres du *Muchir* de Tripoli.

M. Sutil vit ses propositions refusées par le gouvernement du roi, comme en 1402, le baron Normand Jean de Bethencour (1) s'était vu refusé, par Charles VI, les Canaries, qu'il fut obligé à cause de l'indifférence des princes français de placer après les avoir conquises pour la France sous la suzeraineté des rois de Castille. L'ingénieur fut plus patriote que le baron normand, et sans essayer de faire, après le refus de la France, profiter une autre nation de la situation toute exceptionnelle qu'il occupait au Fezzan, il se retira; ruiné par ses généreuses tentatives, et laissant un nom inconnu aujourd'hui en France, mais dont le souvenir est pieusement conservé par les *indigènes* du Fezzan qui parlent encore de la bravoure et de la générosité du cheik Gherbarna, du chrétien d'Abd-el-Gelil, et que l'anglais Richartson rappelle comme celui de l'inspirateur de ses propres voyages.

Une idée, qui m'a toujours paru fausse, a prévalu dans l'administration Algérienne jusqu'en 1873. On s'y préoccu-

---

(1) Voyez le *Canarien*, ou le livre de la conquête et conversion des Canariens, publié d'après les Manuscrits originaux, par M. *Gabriel Gravier*. (Paris, Maisonneuve 1874).

pait beaucoup des moyens d'amener des caravanes françaises dans les villes du Soudan, et l'on voulait y remplacer par nos négociants les marchants indigènes qui font actuellement ce trafic.

C'est pour cela que l'on ne cherchait qu'à assurer à des caravanes de chrétiens la circulation dans l'intérieur de l'Afrique, et tous les voyages patronnés par le gouvernement et exécutés par MM. Prax, — de Bonnemain, — Ismaël Bouderba, — Colonieu, — Henri Duveyrier, etc., etc., etc. doivent aboutir au traité de paix et de commerce signé en 1862 à Ghadames, entre le commandant Mircher au nom de la France et les chefs Touareg. Ce traité assurait, moyennant des droits qui restaient à fixer, le parcours des négociants français sur toutes les routes qui appartiennent au Touareg.

Jusqu'à présent un seul négociant a essayé de profiter de la situation ainsi faite au commerce français, c'est Joubert, le compagnon de Dourneaux-Duperré, mais il a été assassiné avant de pouvoir se placer sous la protection de ce traité.

Le commerce, qui avait trouvé dans les remarquables rapports du savant commandant, aujourd'hui général, Mircher, des chiffres exacts et discutés des bénéfices que peut procurer le trafic avec le Soudan, vit tomber bien des illusions, et les négociants aventureux prêts à tout tenter pour un coup de fortune, s'aperçurent qu'il n'y avait là qu'un commerce régulier, et ils abandonnèrent des entreprises qui n'auraient pas satisfait leur désir de lucre exagéré. D'un autre côté le grand commerce, celui qui compte et calcule tout, vit qu'en définitive une seule chose nous était assurée, et cela depuis le voyage fait en 1856 par M. de Bonnemain, la libre pratique de l'oasis de Ghadames, dont les habitants se sont toujours montrés prévenants pour les nombreux européens qui les ont visités et qui offre depuis qu'il est directement administré par les Turcs la sécurité la plus complète. Mais le grand commerce, dans ses spéculations, se préoccupe aussi, avant de les entreprendre, des situations topographiques, et il lui fut facile de s'assurer que jamais l'on ne pourrait par l'Algérie faire parvenir à Ghadames des marchandises en concurrence avec celles qui arrivent de

Tripoli, la distance entre Ghadamès et Tripoli, n'étant que de 400 kilomètres, d'une route relativement facile, tandis qu'en passant par l'Algérie, il y au moins 800 kilomètres pour arriver à un port d'embarquement, et que l'on a à traverser des dunes de sables mouvants très-élevées et qui offrent des parcours de 6 à 10 jours sans eaux. Les difficultés de cette traversée des dunes sont telles, que l'on ne met pour cette traversée qu'une demi-charge sur les chameaux. Aussi ne songeait-on plus dans le public en Algérie et en France aux relations avec l'intérieur de l'Afrique par le Sahara, lorsque la discussion qui s'établit en 1872 autour d'un projet de docks à Laghouat, dont j'étais le promoteur, remit cette question à l'ordre du jour (1).

Contrairement à ce qui avait été proposé avant moi, je ne me préoccupais nullement de faciliter l'accès du Soudan à des caravanes françaises, mais je m'occupais exclusivement du moyen d'amener sur les marchés algériens les caravanes qui font actuellement le trafic du Sahara et du Soudan ; je proposais d'établir dans l'Oasis de Laghouat, des docks-entrepôts où l'on aurait réuni toutes les marchandises européennes utiles aux peuples de l'intérieur. Je montrais les caravanes venant à ces docks s'approvisionner des productions de l'Europe et vendre les produits de leur pays. Je faisais remarquer qu'elles porteraient aussi bien à leurs risques et périls leurs marchandises à Laghouat, qui est la dernière ville occupée par la France, qu'elles les portent à Ghadamès, qui est la ville la plus méridionale de la Régence de Tripoli où les Turcs entretiennent une garnison permanente, si elles trouvaient dans l'oasis français les moyens d'acheter les produits manufacturés de l'Europe et de vendre les productions du Soudan, comme elles le trouvent dans l'oasis Turc. Laghouat étant aussi prêt d'In-Calah que l'est Ghadamès.

(1) Grâce à l'initiative de M. Paul Soleillet, la presse d'Alger, puis celle de Constantine et d'Oran, ont repris en 1873 l'étude des relations commerciales que l'Algérie est à même d'entretenir avec le Touat et le Soudan. *N. Bourneaux-Dupéré. Le rôle de la France dans l'Afrique Septentrionale et le voyage de Tombouctou. Bulletin de la Société de géographie de Paris*, Décembre 1873.

J'insistais aussi sur la nécessité de faire parcourir par un voyageur chargé de recueillir des renseignements positifs sur les besoins et les productions de ce commerce, le Sahara et le Soudan, et je désignais dès lors comme but à atteindre l'oasis d'In-Çalah.

Je commençai moi-même dans le Sahara central cette enquête que je conseillais de faire et je fis une première exploration en 1872-73, au retour de laquelle je présentai le 30 Avril 1873, sous le patronage des deux personalités algériennes les plus compétentes dans de telles questions, le docteur Warnier et le général Mircher, un projet de voyage d'Alger à l'oasis d'In-Çalah, voyage qui devait être suivi par l'établissement d'entrepôts à Laghouat, ainsi que l'indique la chambre de Commerce d'Alger, dans une lettre qu'elle adressait le 13 Mai 1873 (1) à quelques chambres de Commerce de la métropole pour leur demander un *échantillonnage* en pièce des articles pouvant entrer dans la consommation du Sahara et du Soudan. Après avoir fait cette demande, la chambre ajoutait : « On effectuerait ensuite les commandes « à Laghouat, territoire Algérien, où des entrepôts peuvent « être installés en entière sécurité. »

Ce projet d'entrepôts à Laghouat préconisé par la Chambre d'Alger n'a jamais été exécuté. Une seule chambre de Commerce du reste, celle de Rouen, avait répondu à l'appel d'Alger. Les commandes prises sur les échantillons fournis par Rouen et que je transmis du Sahara à la Chambre de Commerce d'Alger, qui les a reçues le 7 avril 1874 et enregistrées sous le n° 5036, n'ont jamais été livrées, ni même communiquées au commerce de Rouen.

Les membres de la chambre d'Alger avaient abandonné ce projet d'entrepôts, ils avaient été frappés de la sécurité et de la facilité avec laquelle je parcourais pour la seconde fois le Sahara, où je dépassais de plus de 100 lieues sur le méridien d'Alger toutes les explorations précédentes, de l'accueil empressé et plein de bienveillance que le titre de

(1) Voyez l'*Akhbar*, journal d'Alger, n° 13 Juin 1873.

marchand (1) me procurait chez toutes ces populations ; ils étaient surpris de la régularité extrême avec laquelle j'avais toujours correspondu avec Alger et ils pensèrent tous qu'il y avait mieux à faire que les Docks de Laghouat ; ils crurent le moment venu de profiter enfin des bonnes dispositions si souvent exprimées par les Sahariens et désirèrent voir créer une foire annuelle à El-Golea.

« Une foire en cette position, disaient-ils dans un rapport qu'ils adressaient le 25 Juin 1874 au gouverneur général civil de l'Algérie, peut résoudre bien des difficultés.

« Peut-être y fixerait-on une sérieuse étape de la route « sur Tombouctou et tout l'intérieur de l'Afrique de ma-« nière à placer en communication presque directe l'Al-« gérie et le Sénégal.

« Ce serait un grand essor donné à l'ingérence que la « France peut et doit exercer sur ce continent où elle occupe « deux extrémités importantes au Nord et au Sud-Ouest. »

Le général Chanzy à qui cette proposition était faite et de qui dépend cette création approuva hautement ce projet de

---

(1) Ces populations, berbères également, paraissent d'un abord plus facile que les Touareg qui bordent les routes du Fezzan au Bornou. Nous en avons pour preuve, entre autres témoignages, les essais tentés il y a vingt-cinq ans par divers négociants de l'Algérie, et par exemple, par M. Édouard Trochewski, officier polonais et ancien élève de Grinon, qui se rendit dans l'oasis des oulad Sidi-Cheikh, seul, sans autre escorte que celle d'un coulougli qui lui servait d'interprète, et qui sur sa parole obtint d'hommes qu'il n'avait jamais vu l'envoi d'une valeur de vingt mille francs en produit du désert. Les chefs qu'il eut l'occasion de voir alors lui exprimèrent tous le désir que la réception qu'ils lui faisaient et les intentions où ils étaient fussent connues de la colonie. Les Sahariens, lui dirent-ils, ne voulent pas voir venir à eux des soldats, mais ils tendent la main de loin aux messagers du commerce. Beaucoup d'autres faits semblables ont été trop vite oubliés, et l'ingérence militaire n'a cessé d'étouffer les principes de paix et de prospérité intérieure que notre colonie n'avait qu'à laisser se développer autour d'elle. On n'a voulu voir en Afrique que les Arabes belliqueux et hostiles du Tell ou des hauts plateaux. A la première révolte locale, les généraux sont entrés en campagne avec le désir de prouver combien ils sont nécessaires au gouvernement de l'Afrique française, et la population des oasis est restée abandonnée à elle-même, dans ses queçour, n'entendant jamais parler de nous que *comme des dominateurs terribles.* PAUL BOITEAU (Économiste Français 27 Mai 1875).

foire ; il reste jusqu'à présent à l'état de proposition du commerce d'Alger revêtue de l'approbation du gouvernement.

Il ne faut point trop le regretter, la question des relations de la France avec l'intérieur de l'Afrique, ne doit être ni une entreprise Algérienne, ni une entreprise Sénégalaise ; il faut avant tout, pour qu'elle aboutisse, qu'elle devienne en France même, une œuvre nationale.

V

Établissement indispensable d'un consul Français
dans le Sahara Central.

Personne n'a jamais songé que ce fut le préfet de Lille qui dut être chargé de régler les rapports internationaux entre la France et la Belgique; cependant il a toujours paru naturel de remettre aux gouverneurs de l'Algérie ou du Sénégal le soin de procurer à la France des relations avec les peuples confinant ces colonies. Un gouverneur de l'Algérie ou du Sénégal n'est en définitive qu'un préfet avec des attributions plus étendues ; sa mission toute spéciale est de gérer les intérêts particuliers qui lui sont confiés ; mais il n'a aucun titre pour s'ingérer dans ceux où sont en jeu des intérêts autres que ceux de sa colonie, et il ne pourrait, du reste, le faire : son devoir est d'être avant tout de sa colonie, comme celui d'un préfet est d'être de son département. Le législateur a bien compris cette situation, et il y a obvié, en créant pour des intérêts spéciaux des agents spéciaux.

Le corps consulaire français qui dépend du ministère des affaires étrangères n'est point simplement institué pour envoyer des consuls en Europe ou en Amérique ; nous pourrions au besoin dans ces contrées nous passer de leur appui; mais où cet appui est indispensable, c'est dans les pays peu civilisés où le climat et les populations sont redoutables, où il faut constamment à l'européen un guide, un conseil, un défenseur. Dans ces situations, le consulat c'est la France, et à l'ombre du pavillon consulaire, se groupent des nationaux et des intérêts français. Cette organisation des consulats remonte à des siècles ; partout elle a réussi ; c'est à elle que nous devons demander en Afrique, comme ailleurs, les moyens de faire pacifiquement pénétrer notre commerce, notre industrie, notre civilisation, nos mœurs. Tous les hommes qui ont cherché à amener dans l'intérieur de l'Afrique l'influence française, MM. Sutil, Warnier, Mac-Carty, Duveyrier, Mircher, Th. Lajoulet, etc., etc., etc., tous sont du même avis.

Une fois en 1856, la Société Historique algérienne, composée de tout ce que la colonie avait alors de voyageurs, de savants, de colons, de commerçants distingués, s'assembla pour discuter du meilleur moyen de pénétrer dans l'Afrique centrale. Le résultat de ces discussions fut de demander au gouvernement l'installation d'un résident français à In-Çalah, comme étant le seul moyen de pouvoir assurer notre accès en Afrique.

En 1874, la Chambre de Commerce d'Alger, qui est la plus haute et la plus autorisée expression du commerce algérien, indique en ces termes, dans un rapport officiel qu'elle adressait au gouverneur général civil de l'Algérie, les moyens d'établir des relations avec l'intérieur de l'Afrique :

Le moyen le plus naturel et le plus efficace d'y parvenir serait l'installation d'une agence consulaire française (dans le Touat à In-Çalah), *qui aurait cette double signification, de rassurer nos nationaux et les autres européens, sur la sécurité de leur personne et de leurs biens, en même temps que les indigènes auraient la preuve et la conviction que nous n'avons à leur endroit aucune pensée de conquête ou d'annexion.*

Cette proposition de la Chambre consulaire d'Alger fut aussi facilement approuvée par le gouvernement général que l'avait été celle de l'établissement d'une foire à El-Golea.

L'utilité d'une semblable création, personne même n'a songé à la discuter ; l'exécution n'en est pas sans difficultés, mais ces difficultés ne sont point insurmontables.

L'oasis d'In-Çalah, point qui devra être incontestablement choisi pour l'établissement du premier consulat, est gouvernée, comme sont gouvernées toutes les agglomérations berbères, par une Djemâa (assemblée de notables) ; mais à côté de cette autorité, il existe une influence considérable dont se trouve investi le chef de la famille des Oulad-Bajouda, qui doit à cette qualité d'être le cheikh de la tribu nomade d'origine arabe des Oulad-Hamou. Cette tribu, ayant des chevaux et étant armée de fusils, armes peu répandues dans ces régions, possède une force qu'elle emploie à la protection exclusive des caravanes d'In-Çalah et à la défense du territoire de l'Oasis. Cette force est à la disposition du cheikh ; celui-ci a en définitive le véritable pouvoir. Il y a aussi dans l'Oasis une influence religieuse considérable, c'est celle du chérif d'Ouazzan, Kalifa, des Moulé Taieb (1).

(1) CONFRÉRIE DE MOULÉ TAIEB. — La confrérie de Moulé Taieb n'a pas été fondée par lui, mais par un chérif du Maroc, Moulé Edris, et probablement sous Moulé Ismaël. Elle a pris le nom de Taieb, à cause de l'éclat jeté sur elle par ce chef, dont on ne sait jusqu'ici que peu de chose. Il a prédit à ses frères qu'ils domineraient un jour les pays de l'Est, après en avoir chassé les conquérants infidèles, qu'il appelle les *Benou-Asfer* ou Enfants du jaune, en désignant les Français, selon l'interprétation des Marocains. On lui attribue des miracles en foule : il guérissait les malades, il ressuscitait les morts. Moulé-Ali fut un de ses plus illustres successeurs, de même que l'avant-dernier Khalifa, Hadj-el-Arbi. La maison de Moulé-Taieb existe encore à Fez, où on la nomme *Dar-el-Dahman*, (maison de la caution). Mais son tombeau et la zaouia centrale de l'ordre sont, comme nous l'avons vu à Ouazzan, entre Fez et Tanger.

Les frères de Moulé-Taieb récitent deux cents fois par jour cette prière : « O Dieu ! la prière est le salut sur notre seigneur Mohammed, et sur lui et « ses compagnons, et salut. » Ils sont très-nombreux au Maroc. Parmi eux on compte l'empereur et en général les chorifa. Le Khalifa d'Ouazzan jouit du privilége de ratifier la succession au trône, ce qui explique le soin que prennent les souverains d'entretenir avec lui de bonnes relations.

. . . .
. . . . Ce chérif (Hadj Mohamed) n'a guère que vingt-deux ans (1860). Il est mulâtre ou quarteron, doux, jovial quand il n'est pas obligé de jouer son rôle en présence de ses coreligionnaires, ami secret des européens et surtout des Français. Il fit le pèlerinage de la Mecque, il y a quelques années, et c'est un de nos navires qui l'a transporté par Marseille. Nous avons vu au Maroc son portrait au daguerréotype : c'était un cadeau fait par le chérif. Sa physionomie est morne, flasque et n'annonce aucune supériorité. Il y a eu parmi ses aïeux des mulâtres comme lui, mais pas de noirs; son père et son grand'père étaient blancs. La zaouia d'Ouazzan où il réside est très-riche, car elle reçoit des établissements qui en dépendent le surplus des revenus que n'absorbe pas leur entretien. Chaque jour le chérif reçoit et nourrit les pèlerins qui arrivent par bandes, précédés du drapeau jaune,

Hadj Abdelkader, cheikh actuel des Oulad-Hamou, est le moqadem de cette confrérie pour In-Çalah. Les frères de Moulé-Taïeb, que l'on reconnaît à l'anneau de cuivre qu'ils portent à leurs chapelets, ne nous sont point hostiles, et leur kalifa, le chérif d'Ouazzan qui habite actuellement Tanger, ne serait pas non plus opposé à l'ingérence pacifique et commerciale de la France dans le Sahara.

L'intérêt de la tribu des Oulad-Hamou et de son chef est le même que celui des habitants de l'Oasis, c'est-à-dire développer les relations commerciales d'In-Çalah. Aussi, en 1825, lorsque le major anglais Gordon Laing arrive dans l'Oasis, bien accueilli des uns et des autres, il devient l'hôte aimé des oulad Bajouda.

Si je n'ai pas reçu en 1874 le même accueil, la cause en est aux craintes d'annexion à l'Algérie, dont il sera parlé plus tard.

Cette population, comme toutes celles du Touat, est possédée du désir bien légitime de conserver son autonomie et

---

rouge et vert, en marmottant l'oraison jaculatoire : « O Dieu ! la prière et « le salut sur notre seigneur Mohammet, et sur lui et ses compagnons et « salut. »

Que veulent ces gens ? recevoir la bénédiction du chérif, toucher la frange de son vêtement, baiser la trace de ses pas. Ils veulent la prospérité de leurs affaires, une guérison miraculeuse, une satisfaction au sentiment religieux vague, mais exalté, qui les dévore comme une soif, ou les fatigue comme un prurit aigu. On ne croirait pas, dans notre société refroidie à l'excès par le positivisme, aux scènes qui se passent à Ouazzan. Quel prestige comparable à celui que Sidi-el-Arbi (père de Hadj Mohamed), exerçait sur les foules ! Cet homme, d'une obésité monstrueuse, était porté par huit mules dociles, dans une litière couverte d'un ombrello qui devenait la nuit tente de campagne. Or, il n'était pas rare que huit ou dix mille personnes se précipitassent à sa rencontre. Quand on ne pouvait baiser sa robe ou la litière on baisait la corde des mules. Des mains du chérif partaient de longs cordons qui se déroulaient à travers les rangs pressés de la multitude, et chacun, après avoir imprimé ses lèvres sur cet objet béni, déposait son offrande au *chouari* (panier) des mules, conduites par des collecteurs attitrés. Ceux-là seuls qui pouvaient offrir au moins une centaine de piastres aspiraient au bonheur de baiser la main sacro-sainte du chérif, et c'était presque une folie d'ambitionner la *Baraka* ou l'imposition des mains pour la bénédiction patriarcale, tant une pareille faveur est inappréciable. (Léon Godard, *Description et histoire du Maroc*, p 94 et suiv., Paris. — Ch. Tanera, 1860).

son indépendance ; mais elle veut surtout avoir vis-à-vis de la France une situation légale ; ce désir est encore plus légitime.

En 1857, les habitants d'In-Çalah envoyèrent auprès du gouverneur général de l'Algérie des mandataires chargés de négocier avec la France un traité analogue à celui que l'on avait accordé aux Beni-Mzab ; ils proposaient de payer un impôt et de reconnaître la suzeraineté de la France ; ils furent obligés de quitter Alger sans avoir pu passer de traité. Ils avaient du reste été bien reçus ; ils partaient avec des cadeaux qu'on leur avait fait et emportaient pour 70 mille francs de marchandises qu'ils avaient achetées à Alger et payées comptant en pièces d'or françaises de vingt francs ; je tiens ces détails de M. O. Mac Carty, qui eut presque constamment ces Touatia pour hôtes.

Confédération indépendante tout d'abord, le Touat (1) ne reconnaissait à l'empereur du Maroc qu'une suprématie religieuse due à sa qualité de chérif ; cette reconnaissance se traduisait par l'envoi, à des époques indéterminées, de dons volontaires de la part de la Confédération, espèce de *denier de Saint-Pierre* offert aux Chorfa de Fez.

Cette suprématie religieuse s'est augmentée de la suprématie temporelle, à partir du moment (1861) où le commandant Colonieu et le lieutenant Burin, revêtus de leurs uniformes d'officiers français, à la tête d'une caravane nombreuse et bien armée, se présentèrent devant Timimoun.

Ces populations, qui s'étaient vu refuser en 1857 par la France un traité qui les aurait reconnues tributaires, mais en respectant leur autonomie, virent dans la démarche du commandant Colonieu les préliminaires d'une conquête :

---

(1) Cinq groupes d'oasis constituent l'archipel auquel l'on donne le nom collectif de Touat, forme Berbère du mot *ouasis* ; le Touat renferme de trois cents à quatre cents petites villes ou villages, à quelques journées de marche au Sud de nos possessions et qui embrassent du Nord au Sud une longueur de 300 kilomètres, et de l'Est à l'Ouest, une largeur de 160 kilomètres, entre les méridiens d'Alger et d'Oran, sur la route directe de l'Algérie au Niger moyen.

Henri DUVEYRIER.

elles avisèrent immédiatement à conjurer ce péril et à avoir vis-à-vis de la France une situation légale (1).

Aussitôt après le départ de la caravane du commandant Colonieu, un tribut de 500 douros et de vingt jolies esclaves noires fut réuni par les gens du Touat et adressé au sultan du Maroc dont ils avaient jusqu'à ce jour refusé de recevoir un gouverneur.

Ils sollicitèrent sa protection contre les éventualités d'une occupation française, protection qui leur fut promise par lettre du sultan.

Lorsque le 25 avril 1870, le général DE WIMPFFEN se présentait devant Aïn Chair, c'est au nom du sultan du Maroc que l'on refuse de lui livrer des rebelles Algériens.

L'empereur actuel du Maroc avait déjà, le 6 mars 1874, moment de mon séjour dans l'Oasis, envoyé par trois fois ses goums à In-Çalah, et chaque fois ils y ont été reçus, non comme les troupes d'un allié ou d'un ami, mais comme celles du Souverain légitime.

Lorsque je suis allé moi-même à In-Çalah les chefs de la Demâa m'ont opposé que j'étais sur le territoire marocain et que la libre pratique de l'Oasis ne pouvait être autorisée que par l'empereur du Maroc.

Nous lisons dans le journal *l'Explorateur (n° 27, 5 août 1875)* ; « D'après une lettre écrite par l'agha de Tuggurth à
« M. LARGEAU, les chefs d'In-Çalah persisteraient à fermer
« leurs villes à tout voyageur qui se présenterait sans être
« muni d'une lettre du sultan du Maroc. »

Il y aurait bien d'autres faits à citer, qui prouveraient non l'autorité que peut exercer l'Empereur du Maroc sur le Touat, MAIS LA VOLONTÉS DES POPULATIONS DU TOUAT D'AVOIR VIS-A-VIS DE LA FRANCE UNE SITUATION LÉGALE, CAR IL NE FAUT POINT L'OUBLIER, NOUS N'AVONS JAMAIS VOULU NI LES RECON-

---

(1) Quand simultanément M. le commandant Colonieu et le khalifa Sidi Hamza se sont avancés, le premier jusqu'à Timimoun, avec une caravane d'essai, le second jusqu'à El-Golea, où il a des propriétés, on a vu tous les Touatia trembler comme si leur indépendance était menacée et songer à fuir dans les montagnes des Touareg Ahaggar.

Alors, en quelques jours, le prix des chameaux s'est élevé de 200 francs à 500 francs.   Henri DUVEYRIER.

NAITRE COMME INDÉPENDANTES, NI LES RECEVOIR COMME TRIBUTAIRES, ET ELLES FONT PREUVE D'UN GRAND SENS EN VOULANT SE FAIRE RECONNAITRE PAR LA FRANCE COMME MAROCAINES, ET AVOIR AINSI UN ÉTAT LÉGAL QUI LEUR PERMETTE D'ENTRER EN RELATION AVEC NOUS, SANS QUE LEUR ANNEXION OU LEUR CONQUÊTE DÉPENDENT DE NOTRE CAPRICE.

Montrons-leur par un acte qui ne peut qu'être favorisé par l'empereur du Maroc, puisqu'il ne ferait qu'affermir son pouvoir sur de riches populations, que nous aussi nous désirons le règne de la paix dans le Sahara. Cette preuve ne peut leur être donnée que le jour où elles se verront traitées comme les autres populations de l'empire du Maroc. Si notre drapeau, qui a été si souvent en Afrique, un signal de guerre et de mort, fait jamais flotter du haut d'un mât consulaire les couleurs nationales dans le Sahara, il y deviendra alors le signe de la concorde et de la vie.

Dans tous les traités qui ont été signés par la France avec les Empereurs du Maroc, il a été stipulé que la France pourra entretenir des consuls dans le Maroc; que ces consuls connaîtront seuls des différents qui pourraient s'élever entre nos nationaux; que seuls ils seront chargés de la répression des crimes et délits commis par nos nationaux; qu'ils auront droit d'entretenir la force armée nécessaire à leur défense personnelle et à celle du consulat : rien n'a été oublié de ce qui est indispensable pour créer un consulat à In-Çalah, et cela depuis Henri III (1), et même sous Louis XV, pendant

---

(1) Henri III nomme le 10 juin 1577, Guillaume Bérard de Marseille, consul de Maroc et Fez et le 11 juin 1577, François Vertia comme facteur de la nation française.

Le 11 juin 1693, Isidore de Saint-Olon est reçu à Mequinez par l'Empereur du Maroc, comme ambassadeur de Louis XIV, à qui le Maroc avait déjà envoyé une ambassade et qu'il devait faire peu après visiter par un nouvel ambassadeur Abdalla ben Aïssa.

Le 28 mai 1767 un traité de paix et d'amitié est conclu entre l'Empereur du Maroc et Louis XV.

Depuis nous avons Isly.

Voyez sur cette question :

Le Maroc et ses caravanes, par R. Thomassy. Paris, 1845.

Négociation de la France avec le Levant, par E. Charrières. Paris, imprimerie Nationale.

un règne sans patriotisme et sans pudeur, au moment où nous abandonnions le Canada et l'Inde.

On ne saurait guère objecter pour empêcher une création si utile que les dangers auxquels seraient exposés nos agents.

Peu de pays sont aussi sûrs que le Sahara : si l'on y a des exemples d'européens assassinés isolément, il n'y a pas d'exemple d'européen massacré par une population, ainsi que cela s'est vu en 1858 à Djeddah et tout dernièrement à Salonique. Nul ne peut promettre que de pareils faits ne se reproduiront plus dans ces villes ; cela nous empêche-t-il d'y entretenir des agents ?

Résister plus longtemps à un vœu si souvent émis par les Européens et les Indigènes serait laisser supposer que l'on ne veut pas donner au Touatia *la preuve et la conviction* que nous n'avons à leur égard aucune pensée de conquête ou d'annexion.

Pour réaliser ce vœu, il faudrait simplement que le Ministre des Affaires étrangères accréditât auprès de l'Empereur du Maroc un consul qui résiderait dans le territoire de l'oasis d'In-Çalah, dans une *fonde* que la France y aurait analogue à celles que les chrétiens ont eues pendant tout le Moyen-Age en Berbérie et dont l'une était la fameuse *Kissaria* (1) de Tlemcen.

Voyage d'Afrique fait par le commandement du Roi, par Jean Armand, turc de nation. Paris, 1631.

Traité de trêve entre Louis XIII empereur de la France et celui de Maroc. Paris, in-4°.

État présent de l'empire du Maroc. Paris, in-4°. 1694.

Le volume de la commission scientifique de l'Algérie sur le *Maroc*, c'est l'œuvre du savant M. E. Renou.

Description et Histoire du Maroc, par M. Léon Godar. Paris, Tanera. 1860.

(1) Cette petite cité toute européenne, dont les consuls avaient seuls le gouvernement, avait reçu le nom de *Kissaria*, mot de la langue franque qui signifie enceinte de murailles renfermant une agglomération d'individus. Indépendamment des boutiques, des magasins et des logements particuliers, elle renfermait un entrepôt commun, des fours, des bains, un couvent de Frères Prêcheurs et une église ; des pavillons chrétiens se déployaient fièrement au-dessus de ses portes, dont la garde était confiée par les consuls à leurs nationaux à tour de rôle. Brosselard.

Le représentant de la France à In-Çalah aurait de nombreux moyens de dissiper tous les préjugés qui existent encore contre l'Europe dans le Sahara et le Soudan ; son rôle essentiellement civilisateur aurait une influence considérable, non-seulement sur les indigènes de l'Oasis, mais aussi sur tous ceux qui de tous les points de l'Afrique viennent sur ce marché.

Remarquons ici les nombreux liens de parenté qui unissent les oulad Bajouda d'In-Çalah aux marabouts Bakkay de Tombouctou ; ils ne font qu'une même famille. Un membre des Bakkay, marié à une fille des oulad Bajouda vit constamment à In-Çalah où les Bakkay ont une zaouia (1), et un membre de la famille des oulad Bajouda réside à Tombouctou, marié à une des filles des Bakkay ; la situation prise par

---

(1) La ZAOUIA est un établissement qui n'a aucun analogue dans les états d'Occident. C'est à la fois une chapelle qui sert de lieu de sépulture à la famille qui a fondé l'établissement et où tous les serviteurs, alliés ou amis de la famille, viennent en pèlerinage à des époques fixes ; une *mosquée* où se réunissent les musulmans des tribus voisines pour faire leur prière en commun ; une *école* où toutes les sciences sont enseignées : lecture, écriture, arithmétique, géographie, histoire, alchimie, magie, philosophie et théologie, et où les enfants, pendant toute l'année, les étudiants (*tolba*), pendant certaines saisons, les savants (*tuléma*), à des époques fixes, se réunissent, soit pour apprendre ce qu'ils ignorent, soit pour former des conciles et discuter certaines questions de droit, d'histoire ou de théologie ; un *lieu d'asile* où tous les hommes poursuivis par la loi ou persécutés par un ennemi trouvent un refuge inviolable ; un *hôpital*, une *hôtellerie* où tous les voyageurs, les pèlerins, les malades, les infirmes et les incurables trouvent un gîte, des secours, des vêtements, de la nourriture ; un *office de publicité*, un *bureau d'esprit public*, où s'échangent les nouvelles, où l'on écrit l'histoire des temps présents ; enfin une *bibliothèque*, qui s'accroît tous les jours par des hommes qui y sont attachés, et où l'on *conserve la tradition écrite des temps passés*.

Généralement les zaouia possèdent de grands biens, provenant de dotations (*habous*) ou d'aumônes (*zekkat*), affectées par la charité publique à l'entretien de l'établissement. Un chef avec le titre de *cheikh*, quand il appartient à la famille propriétaire de la zaouia, avec celui de *moqadem* (gardien), ou d'*oukil* (fondé de pouvoir), quand il est étranger à cette famille, dirige l'établissement. De nombreux serviteurs (*koddam*) sont attachés à chaque zaouia, soit pour cultiver les terres qui en dépendent, soit pour servir le nombreux personnel d'écoliers, de marabouts, d'infirmes et de voyageurs fréquentant l'établissement. DE NEVEU.

notre consul à In-Çalah le serait donc pour cela même à Tombouctou. La hauteur des vues, la tolérance des Bakkay (1) sont connues de tous; même en Europe, l'on sait pour en avoir vu la reproduction dans les ouvrages du Dr Barth, qu'une des plus fermes affirmations qui aient été jamais écrites sur la tolérance que se doivent tous les hommes, l'a été, et cela avec une élévation de langage peu commune, par le cheikh Bakkay, qui fut l'ami et le protecteur de l'illustre voyageur, qui se plaisait à dire que le cheikh était un des hommes les plus remarquables et le meilleur de ceux qu'il avait connus dans le monde. Les Bakkay qui avaient déjà été les protecteurs de Laing l'ont aussi été des Israélites qui se sont établis à Tombouctou (2).

Nous avons vu qu'au Moyen-Age, grâce aux consuls qu'ils avaient installés en Berbérie, les chrétiens se mêlaient aux caravanes sahariennes et parcouraient tout l'intérieur de l'Afrique.

A la séance du 7 août 1875 du Congrès international des Sciences géographiques, M. Napoléon Ney, l'un des commissaires du Congrès présenta le résumé de ses études sur le commerce européen avec l'intérieur de l'Afrique, au XIIIe, XIVe et XVe siècle, et il constata, avec des détails très-curieux, qu'à cette époque les marchands chrétiens allaient jusqu'à Tombouctou et au lac Tschad. M. le commandeur Correnti, qui présidait en ce moment le cinquième groupe, confirma

---

(1) D'après l'arbre généalogique de leur famille, les Bakkay descendraient d'Ogba-ebn-Nâfa-el-Fari, le conquérant de l'Afrique occidentale, ce général arabe qui n'arrêta ses conquêtes que dans les flots de l'Océan atlantique.

L'arrivée des Bakkay à Tombouctou date de cette époque de prosélytisme religieux, qui fit de Tombouctou un foyer de lumière et de lettres, dont les ouvrages historiques du Cheikh Ahmed-Bâba le Tombouctien, analysés par le Dr Barth et le professeur Cherbonneau, nous ont révélé l'existence.

Les Bakkay ont perpétué ce mouvement à travers les générations depuis le XIIe siècle jusqu'à nos jours, bravant toutes les révolutions qui ont alternativement mis le pouvoir aux mains des Berbères, des Arabes ou des Nègres.
Henri Duveyrier.

(2) Voyez : Premier établissement des Israélites à Tombouctou, par M. Auguste Beaumier (Consul de France à Mogador.) Bulletin de la Société de Géographie de Paris, (avril, mai 1870).

les assertions de M. Ney, en faisant connaître la découverte que les Italiens ont faite, dans la bibliothèque d'un souverain noir, des notes d'un voyageur qui vivait dans la seconde moitié du XVe siècle et qui avait résidé à Tombouctou.

Le 8 août :

« Le cinquième groupe du Congrès international des « Sciences géographiques (session de 1875) émet le vœu que « la proposition suivante, rédigée par M. Paul Soleillet, soit « mise à l'étude.

Créer dans l'Oasis d'In-Çalah et en dehors des villes existantes, une fonde analogue à celle que les États européens du Moyen-Age possédaient dans les pays barbaresques.

Cette fonde serait administrée par un consul français ; elle serait ouverte à tous les Européens, sans distinction de nationalité, venus dans le Sahara central soit pour des explorations scientifiques, soit pour des explorations commerciales.

VI

Commerce du Sahara avec l'Afrique du Nord et le Soudan.

C'est au nom du commerce que je réclame l'installation dans le Sahara de consulats français qui devraient être, ainsi que les *fondes* du Moyen-Age le germe de véritables villes. Une semblable institution ne pourrait réussir qu'autant qu'il serait donné à ces consuls le moyen d'occuper une grande situation. Dans le Sahara comme bien souvent en Europe, c'est l'argent qui la donne ; l'institution que j'indique, en m'appuyant sur les autorités les plus incontestables, demanderait donc de la part de l'État un sacrifice. Ce sacrifice est-il légitimé par les avantages commerciaux qu'il procurera, en un mot y a-t-il là une dépense productive ou une charge ?

Si l'on se préoccupe du commerce qui existe actuellement dans le Sahara, et par le Sahara avec le Soudan, incontestablement ce serait une charge. Le mouvement commercial de tout le Sahara n'équivalant pas à celui d'une boutique de Paris ou de Londres puisqu'il atteint à peine le chiffre annuel de dix millions de francs. Mais partout les mêmes lois économiques régissent le commerce ; au seul contact des civilisés, les peuples primitifs voient augmenter leurs besoins, et pour les satisfaire ils se livrent à l'exploitation des richesses naturelles de leur sol ; c'est ainsi que la consommation devient plus grande lorsque les marchandises arrivent plus facilement sur les marchés. Le mouvement d'affaires ne vient pas seulement de la demande ; il est aussi déterminé par l'offre qui sollicite la consommation. Il se produirait dans ces contrées le même phénomène que celui qui a été observé en Algérie. Avant la conquête française le commerce de cette régence ne s'élevait pas à dix millions de francs ; il atteignait à peine CINQ MILLIONS. Aujourd'hui ce même commerce dépasse QUATRE CENT MILLIONS, et c'est là la conséquence en majeure partie de la plus value acquise par les richesses naturelles du sol exploitées par la population indigène, population qui depuis 1830 a été cependant appauvrie et décimée par la guerre, l'émigration, la famine.

Il y a dans le Sahara et le Soudan occidental le principal élément de la consommation et de la production, celui qui manque malheureusement à l'Algérie, la POPULATION ; celle du Sahara est d'un million cinq cent mille habitants, et dans les portions du Soudan, que j'ai indiquées au début de cette étude comme se trouvant dans le rayon d'attraction naturelle de nos colonies, il existe des régions qui pour leur fertilité et la variété de leurs productions ne peuvent être comparées qu'aux Indes ; il y a là une population de quarante millions de noirs qui élèvent du bétail, travaillent le cuir, filent le coton, cultivent les grains et les légumes, possèdent l'indigo, l'ivoire et l'or.

Il se trouve actuellement dans le Sahara et le Soudan une matière commerciale des plus importantes et dont la nomenclature, quoique aride, contient des enseignements qui obligent à l'exposer ici.

Mais avant de le faire, il est utile de rappeler qu'un commerce bien établi et qui est entre les mains de populations, d'origine berbères pour la plupart, se fait entre le Sahara et le Soudan, le Sahara et l'Afrique septentrionale. Les organes commerciaux de ce négoce sont assez perfectionnés pour pouvoir être rapidement transformés en un commerce aussi régulier, que peut l'être celui d'une nation civilisée de l'Europe ou de l'Amérique.

La population du Sahara peut être divisée en deux catégories : les nomades et les sédentaires ; chacun de ces groupes apporte à la vie commune son concours effectif.

Aux nomades appartient l'industrie pastorale et celle des transports, l'entretien et la surveillance des routes.

Aux sédentaires, avec l'agriculture et les métiers manuels, échoit le commerce.

Les transports se font dans le Sahara au moyen d'animaux de bât : mulets, ânes, chameaux.

Le mulet et l'âne rendent de réels services. Le premier est la seule monture qui puisse, tout en ayant une partie des qualités du cheval, supporter, sans dépérir, les mêmes fatigues que les chameaux. Si le poids porté par un âne était aussi considérable que celui que peut transporter un chameau, l'âne devrait lui être préféré, étant encore plus sobre et résistant mieux à une fatigue prolongée. Ce modeste animal peut en effet, comme le chameau, rester plusieurs, jours sans boire, et trouve dans tout le Sahara les herbes nécessaires à sa nourriture, mais il ne porte que 80 à 100 kilogrammes. Le bœuf doit être cité pour mémoire, car il y a dans le Sahara quelques tribus qui s'en servent comme porteur, notamment les tribus algériennes du Djebel Amour. Ainsi la plupart des animaux de bât connus y sont utilisés ; mais les caravanes se servent exclusivement du chameau, et c'est cet animal que l'on trouve à louer pour transporter les marchandises ; la charge moyenne d'un chameau est 250 hilogrammes. De Boghari à Laghouat, le prix de location d'un chameau est de 30 fr., la distance de 309 kilomètres. De Laghouat à Gardaya (Mzab) le prix est de 20 fr., la distance 168 kilomètres. De Gardaya à Metlili des Châamba le prix est 2 fr. 50 la distance de 28 kilomètres. Si nous examinons ces différents prix, nous trouverons qu'ils représentent une moyenne de 0 fr. 10 par kilomètres pour 250 kilogrammes, ce qui porterait la tonne de 1,000 kilogrammes à 0 fr. 40 par kilomètres. Le chameau pourrait être aussi utilisé comme animal de trait dans le Sahara ainsi que cela se pratique en Crimée etc. etc., ce serait un grand progrès dont toute l'Algérie bénéficierait.

Quoique généralement l'entretien des routes se borne à celui des puits, j'ai trouvé sur les plateaux qui séparent El-Goléa de Tildikelt des routes parfaitement tracées, par le soin que l'on a eu de débarrasser le chemin de toutes les pierres et de les ranger à droite et à gauche. Les routes du Sahara sont toutes la propriété de certaines tribus ; elles sont plus ou moins sûres suivant que ces tribus sont plus ou moins fortes. Un fait qui a été relaté par tous les voyageurs indique bien la sécurité de ces routes, c'est l'usage où l'on est de laisser sur le chemin même des provisions et des ballots de marchandises sans garde au milieu du Sahara et près des endroits les plus fréquentés ; l'on ne connaît pas d'exemple que des objets ainsi abandonnés aient été pris, car s'il s'y trouve des brigands capables de surprendre et de piller une caravane, il ne s'en trouve aucun qui ne craigne de se déshonorer en s'emparant d'un bien ainsi abandonné.

Les négociants du Sahara appartiennent à sa population sédentaire ; ils ont des maisons organisées comme en Europe, avec des associés et des correspondants. Un marchand d'In-Çalah par exemple, a généralement un associé ou un correspondant dans le Tafilalet ou à Ghadames, par l'intermédiaire duquel il fait acheter ou à Tripoli, ou à Mogador, les marchandises européennes qui lui sont nécessaires, et c'est lui qui lui vend les productions du Soudan reçues de Tombouctou, d'Aguedes ou de Kouka ; un marchand d'In-Çalah a toujours une maison dans une de ces villes et quelquefois dans toutes.

Tous ces marchands ont des livres de commerce ; ils se créditent et se débitent entre eux, suivant la valeur des opérations qu'ils font ; le troc leur est inconnu, et, soit qu'ils achètent, soit qu'ils vendent, toute marchandise est constamment représentée par une somme d'argent.

Ils se servent de la lettre de change, du billet à ordre, et ils ont en un mot tous les usages du grand commerce. Quand l'âge ou la fortune permettent à un négociant du Sahara de se retirer des affaires, il emploie ses capitaux, comme le font beaucoup d'européens de cette condition, à commanditer des maisons de commerce.

Un tel état de choses n'a rien de surprenant : les populations berbères du Sahara, qu'elles habitent Timimoun, In-Çalah, Ghadames ou Tombouctou, tout comme les Kalyles et les Beni-Mzab, descendent de ces populations autocthones du nord de l'Afrique qui surent s'assimiler les deux grandes civilisations de Rome et de Carthage et de qui la civilisation arabe a reçu son éclat le plus brillant et le plus pur. Les maures d'Espagne, les rois de Tlemcen, etc. etc. étaient des berbères. (1) Tous ceux du Sahara attestent leur unité d'origine par la situation exceptionnelle pour des Musulmans faite à la femme, et en ce qu'ils sont les seuls sectateurs de l'islam, ayant une loi civile autre que le Coran, enfin parce qu'ils parlent tous des idiômes congénères.

L'habileté et la probité commerciale des Béni-Mzab du Sahara sont bien connues en Algérie ; on les y voit chaque jour réussir dans les opérations de commerce les plus importantes, faire la banque, spéculer sur les tissus et sur les grains, se rendre adjudicaires des fournitures de l'État pour l'armée et les administrations, devenir entrepreneurs de travaux publics, en un mot lutter partout non-seulement avec le commerce de l'Algérie, mais aussi avec le commerce israélite indigène.

Mais l'Algérie n'ayant plus aujourd'hui de relation avec l'intérieur de l'Afrique, nos berbères qui pourraient répandre notre commerce dans le Sahara central et le Soudan, se bornent à faire concurrence à nos négociants dans le Tell.

Avant d'examiner en détail les articles que le commerce du Sahara demandera ou offrira à nos négociants, il est es-

---

(1) L'Algérie est berbère ; elle l'a toujours été. On y compte encore plus de berbères que d'arabes ; et ces berbères de l'Algérie, comme ceux de la Tunisie et du Maroc, loin de tout dévaster, ont tenté sans cesse d'établir des royaumes réguliers dans l'antiquité et au Moyen-Age. Massinissa, Juba II qui épousa la fille de Cléopâtre, Ptolémée qui éclipsait de son luxe Caligula, dans les théâtres de Rome, étaient des rois Berbères. La confédération des Zénata qui renversa au Xe siècle la domination arabe des Aglabites, celle des Sanhadja qui fonda le royaume de Bougie, celle des Lemtouna qui domina des bords du Niger aux bords de l'Elbe sous le nom d'Almoravides, enfin les Masmouda qui sont les Almohades, ont tenté successivent d'organiser l'Afrique du Nord dans le même temps que Saxons et les Franconiens constituaient l'empire Allemand du Moyen-Age, et certes un de leurs plus grands hommes, Abd-el-Moumem, ne le cède en rien soit à Henri II, soit à Frédéric Barberousse. Ils eurent alors leurs jurisconsultes et leurs écoles, rivales de nos universités. Ils fondèrent de grandes villes dont la plupart ont disparu ; mais Fez, Méquinez, Maroc, Tlemcen, Tunis sont encore des témoins de la puissance des États Berbères au Moyen-Age ; et les belles villes d'Andalousie, et les royaumes de Valence et de Murcie, étaient l'œuvre des berbères, non des Arabes, quoiqu'on ait dit. ÉMILE MASQUERAY.

sentiel de connaître les monnaies, les mesures, les poids dont il se sert.

L'UNITÉ MONÉTAIRE est le *douro* (sous ce nom, la pièce de cinq francs d'argent française est partout recherchée) ; le douro se divise en vingt fractions ; la pièce de vingt centimes est, dans tout le Sahara, prise pour un vingtième de douro. En raison de la pénurie de monnaie divisionnaire qui fait souvent couper un douro en plusieurs morceaux du même poids, on change presque partout la pièce de 5 fr. pour 18 ou 19 pièces de 20 centimes. La pièce de 50 centimes est regardée comme un dixième de douro, celle de 1 fr. comme un cinquième. Les monnaies d'argent en usage au Maroc et à Tunis, ont aussi cours dans le Sahara, mais actuellement la monnaie française est de beaucoup préférée. L'or monnayé subit toujours une très-grande dépréciation.

L'UNITÉ DE POIDS est le rétal, qui vaut 1,500 grammes. Mais pour tous les articles de provenance européenne comme le sucre, le savon, etc., etc., l'on se sert d'un rétal que l'on nomme *rétal el roumi* (livre des Romains) et qui ne pèse que 500 grammes.

L'UNITÉ DE MESURE est la coudée. Les sahariens recherchent avec empressement nos mesures et il serait facile de les leur faire adopter, ainsi que nos poids. N'ont-ils pas d'eux-mêmes adopté nos monnaies ?

Le commerce du Sahara demanderait pour sa consommation les produits que nous avons le plus d'avantages à lui vendre, puisque ce sont ceux dans la production desquels excelle notre industrie. Il nous achèterait :

Du sucre, — du savon, — des bougies, — des draps communs, — des calicots, — des mouchoirs imprimés, — des soieries, — des armes, — de la quincaillerie, — du fer, — de l'acier, — du cuivre laminé, — des outils, — de la verroterie.

Gérard Rohlffs a remarqué comme moi, que les sahariens recherchent les produits manufacturés d'origine française de préférence à ceux d'origine anglaise, ce témoignage d'un voyageur essentiellement allemand ne saurait être suspect ; Gérard Rohlfs en donne une raison concluante :

« Les Français, dit-il, possèdant depuis longtemps l'Algé-
« rie, connaissent mieux que les autres européens le goût et
« le besoin des Musulmans. »

Au reste, les produits des manufactures françaises sont appréciés depuis des siècles dans ces régions. Les marchands provençaux, établis dans les comptoirs que nous y avons eus pendant tout le moyen-âge, les vendaient aux barbaresques et en trafiquaient même dans l'intérieur de l'Afrique. Nous voyons Louis XIV se préoccuper des produits que la France importait au Maroc, dans le traité qu'il signa à St-Germain, le 29 janvier 1682, avec le puissant empereur du Maroc, Muley Ismaël (1).

Enfin un commerce qui, à lui seul, alimente une grande partie du transit entre le Sahara et le Soudan, celui du SEL, renaîtrait facilement dans le Sahara algérien, qui contient des gisements considérables de sel gemme, et peut redevenir ce qu'il était, l'un des plus grands centres de production de cette denrée qui est le plus impérieux besoin du Soudan.

Non-seulement nos négociants trouveront sur les marchés du Sahara un débouché nouveau pour nos produits manufacturés, ils y trouveront aussi le moyen de se procurer, à des conditions avantageuses, diverses productions qui

---

(1) Le trafic de la Provence consiste en tartre et papier, dont la consommation est grande en Barbarie, aussi bien que des bonnets de laine rouge fins et communs ; draps de Languedoc, cadissons de Nîmes, bazins de Montpellier, futaines, peignes, soies toilerie de Lyon, fil d'or, brocard damasquins, velours, cotons, cotonines et autres denrées du Levant de peu de prix, qui sont d'un bon débit en ces pays et d'un meilleur produit.

Celui de Rouen, Saint-Malo et autres villes du Ponant est presque tout en toile, dont on estime qu'il s'en transporte et s'en débite tous les ans en Afrique pour plus de deux cents mille livres.

L'échange qu'on y fait de toutes ces marchandises consiste en cire, cuirs, laines, plumes d'autruche, cuivre, dattes, amandes, arquison (pierre pour pour la terraille) et des ducats d'or qui servent aux Provençaux pour leur négoce du Levant. Isidore DE SAINT-OLON, gentilhomme ordinaire et ambassadeur du roi au Maroc. *État présent de l'Empire du Maroc*, page 143. Paris 1693.

peuvent, avec bénéfice, entrer dans notre commerce, et que nous allons examiner. Nous les diviserons en deux catégories :

1° Produits originaires du Sahara

Sumac (*Rhus corriaria*, Lin). — Croît naturellement et en abondance dans les endroits pierreux du Sahara central, il est employé pour le tannage des peaux dans le Tafilalet et au Maroc.

Henné (*Lansonia inermis* Lin). — Est cultivé sur une grande échelle au Touat ; une portion de cette région porte le nom significatif de Touat-el-Henna. Les caravanes du Sahara en approvisionnent tout le Mogreb, où il se fait un grand usage de cette plante comme cosmétique et remède. L'industrie européenne en tire une belle couleur noire ; il vaut au Touat de 0,10 à 0,20 centimes le rétal de 1,500 grammes.

Roses. — Il se cultive dans les oasis du Sahara une grande quantité de roses très-odorantes. Les Touatia qui sont venus en 1874 avec moi à Alger en avaient apporté. De l'avis du chimiste qui les a traitées, M. Desvigne, pharmacien, membre de la Chambre de commerce d'Alger, si elles n'étaient séchées au soleil et mal emballées, elles seraient de bonne qualité et pourraient être utilisées pour les mêmes usages que les roses dites de Provins.

Séné (*Cassia senna* Lin.) — Est cultivé avec succès dans toutes les oasis du Touat ; ce médicament qui était extrêmement employé jusqu'à la fin du siècle dernier, était à Marseille l'objet d'importantes transactions. Je n'aurais point cité le séné, vu la désuétude dans laquelle cet agent thérapeutique est tombé, si les botanistes n'avaient remarqué que les climats et les terres propres à la culture du séné le sont également à celle de l'indigo et autres plantes tropicales.

Gommes. — Outre les forêts de gommiers qui se trouvent dans les régions du Sahara voisines de l'Océan et du Sénégal, forêts qui sont régulièrement exploitées et dont une portion des produits est achetée par notre commerce au Sénégal et l'autre par les caravanes du Maroc, il y a dans le Sahara de nombreuses régions où croissent les gommiers. Léon l'Africain parlait déjà de la gomme de Numidie et de Libye. M. Duveyrier compte seize massifs de gommiers entre Ghat et Ghadames et vingt-deux entre Ghat et Moursouk. Le docteur Rebatel de Lyon, a constaté dans la seule vallée de Talah en Tunisie, une quantité de gommiers qu'il évalue à 40,000. Malheureusement, les nomades de cette partie de l'Afrique tirent plutôt de ces forêts du bois de chauffage que de la gomme et les pluies et les animaux détruisent peu à peu et sans profit cette précieuse exsudation.

Galles. — Sur les nombreux pistachiers (*Pistacia atlantica*, Desf.), *Bétoum* des Arabes, qui croissent dans les Daya, du Sahara, se recueillent des galles de qualité très-supérieure ; un français de Laghouat, M. Sénac ayant, à l'exposition universelle de Paris, en 1867, exposé des Galles du Sahara, a obtenu pour ce produit une mention honorable.

Tronnia. — C'est le carbonate de soude ; il se rencontre à l'état natif, sur les bords des lacs salés du Sahara central; il est connu dans le commerce sous le nom de *natron* ; le natron du Sahara est très-riche ; on en a analysé qui contenait 92 0/0 de carbonate de soude pur. Les Sahariens obtiennent aussi la tronnia par l'incinération de certaines plantes appartenant à la famille des *salsolacées* et nommées *bubul* par les indigènes de Négouça, petite ville nègre du Sahara au nord de Ouargla, où l'on se livre en grand à la fabrication du tronnia. Je sais parfaitement qu'aujourd'hui la majeure des parties des soudes du commerce est préparée artificiellement ; j'ai cru cependant devoir signaler ce produit qui peut devenir l'objet d'importantes transactions.

Salpêtre. — On trouve à la surface d'un grand nombre de plaines sableuses et de rochers calcaires du Sahara une quantité considérable *d'azotate de potasse* sous forme de petites houppes cristallines, qui blanchissent souvent le sol sur toute l'étendue de l'horizon. Les naturels recueillent ce nitre, le lessivent et obtiennent ensuite par l'évaporation une belle cristallisation très-pure. Des échantillons que j'avais achetés dans le Sahara ont été analysés en novembre 1872 par le docteur Jaquème, de Marseille ; il les a trouvés riches de 92,55 0/0 d'azote pur. Ce salpêtre vaut au Touat de 20 à 30 centimes le rétal de 1,500 grammes.

Peaux de chèvres brutes. — Il y a dans le Sahara des quantités considérables de chèvres ; la population des oasis y élève un grand nombre de ces animaux, qui sont plus rustiques que les moutons et donnent un plus grande quantité de lait. Les chèvres du Sahara sont d'une espèce particulière, petites de taille, généralement sans cornes, ayant les oreilles pendantes et les poils longs et abondants. Les peaux de chèvres séchées au soleil valent dans le Touat de 0,10 à 0,20 cent. l'une.

Peaux de chèvres tannées. — Un grand nombre de cuirs connus en France sous le nom de *maroquin*, et en Afrique sous celui de *filali*, proviennent des tanneries du Sahara central.

M. Cherbonneau rapporte, dans la relation qu'il a publiée du voyage du commandant de Bonnemain à Ghadames, qu'après avoir envoyé à Paris des pantoufles faites avec des peaux préparées à Tombouctou, il lui fut mandé que le cuir de cette chaussure ayant été examiné par des hommes spéciaux, avait été trouvé admirablement tanné, et que rarement l'industrie européenne atteint une telle perfection.

Les peaux de chèvres tannées (maroquin), se vendent au Touat par paquets de six, et y valent 20, 25, 30 fr. suivant la qualité; elles se préparent en trois couleurs, rouge, jaune, vert.

Dépouilles d'autruches. — Il arrive au Touat de nombreuses dépouilles d'autruches, elles y valent 250 à 300 fr. les dépouilles de mâles. Au Mzab elles s'élèvent déjà de 400 à 500 fr. Les dépouilles d'autruches femelles valent toujours moitié moins.

Dans cet examen rapide de la matière commerciale originaire du Sahara, qui peut entrer dans notre commerce, j'ai oublié à dessein de parler des dattes, de la laine, de l'alfa, ces trois produits faisant déjà l'objet d'importantes transactions en Algérie et en Tunisie, pays l'un et l'autre exploités par le commerce français.

Avant de quitter le Sahara, notons que, dans l'antiquité, diverses pierres précieuses passaient pour provenir des contrées habitées par les Garamantes. Pline parle des émeraudes garamantiques. Les Garamantes habitaient le Sahara. Aujourd'hui encore, les montagnes du Hoggar passent chez les indigènes pour renfermer des pierres précieuses.

2° Productions que le commerce saharien retire du Soudan.

Gommes. — Une partie des gommes qui sont achetées au Sénégal proviennent du Soudan ; les caravanes en rapportent au Maroc qui sont originaires des contrées arrosées par le Niger.

Indigo. — D'après le docteur Barth et tous les voyageurs qui ont visité le Soudan, l'indigo y vient à l'état sauvage dans toutes les forêts. Dans chaque ville on trouve des cuves où l'indigo est pressé et réduit en pains. La mission que le gouvernement de l'Algérie envoya en 1862 à Ghadamès, sous la direction du savant général Mircher, rapporta de cette ville des pains d'indigo du Soudan ; ils furent analysés par M. l'ingénieur Vatonne et trouvés riches d'une quantité d'indigotine de 53 à 54 0/0. Les indigos rapportés du Soudan par les caravanes sont dirigés par Mourzouk sur l'Égypte.

Cire. — Très-abondante dans le Soudan, elle arrivait autrefois en grande quantité à Tunis et en Algérie. Elle est portée aujourd'hui exclusivement au Maroc et en Égypte.

IVOIRE. — Arrive du Soudan dans le Sahara en quantité considérable. La mission française en constata en 1862 un stock important à Ghadames. L'Hadj-Mohammed, qui apporta des échantillons d'ivoire d'In-Çalah à Alger, lorsqu'il y vint avec moi, assurait qu'il y en avait beaucoup dans le Touat et qu'il provenait de Tombouctou ; on ne sait point exactement où le commerce de cette ville va le chercher. L'ivoire de qualité inférieure vaut au Touat 5 fr. le rétal de 1,500 grammes ; la même qualité dont échantillon fut envoyé à la Chambre de commerce de Paris (qui doit l'avoir conservé), par les soins de celle d'Alger, valait à Paris 10 francs le kilog.

DÉPOUILLES D'ANIMAUX. — Les caravanes rapportent du Soudan des cornes de rhinocéros, des dépouilles de tigre, de lion et de quelques autres animaux sauvages.

PLUMES D'AUTRUCHE. — Les plumes d'autruche du Soudan arrivent par paquets de 100. Je n'ai pu recueillir des renseignements exacts sur leur valeur.

PEAUX SÈCHES ET TANNÉES. — Il y a dans le Soudan des quantités considérables de peaux de toutes sortes d'animaux. Les négociants du Sahara en rapportent des peaux d'antilopes, de girafes, de zébus, etc. etc., sèches ou tannées. Les Touatia avaient apporté à Alger des peaux de zébu (bœuf à bosse) ; ces peaux valent à In-Çalah 5 fr. l'une ; elles pesaient de 8 à 14 kilog.

OR. — Arrive du Soudan, ou en poudre renfermés dans des tuyaux de plumes bouchés avec de la cire, ou en pépites contenues dans de petits sacs de peau, ou travaillés en anneaux ; cet or est toujours très-pur. D'après M. Henri Duveyrier, il passe annuellement dans la seule oasis d'In-Çalah pour trois millions 265,000 francs d'or au cours de Paris. Je ne sais rien de positif sur le cours de l'or, mais l'argent est fort recherché par les nègres qui font tous leurs bijoux avec ce métal. Le change de l'or monnayé contre l'argent monnayé varie au Touat de 20 à 50 0/0.

ÉTAIN. — D'après le colonel Mircher, il arrive à Ghadamès de l'étain provenant du Bornou. On n'a que des renseignements très-incomplets sur les gisements originaires.

Ne sont pas compris dans cette nomenclature des objets qui sont actuellement rapportés par les caravanes du Soudan et qui, comme le *bekour*, la *noix de gourou*, la *civette*, etc., entrent dans la consommation exclusive des indigènes, ou d'autres qui, comme des étoffes et des ouvrages de pelleteries, ne peuvent être pour les européens que des objets de curiosité. Ont été également laissées de côté les productions du Soudan qui, comme les *arachides* et autres plantes oléagineuses, les bois de teinture, l'ébène etc. etc., ne font point actuellement partie des cargaisons des caravanes qui sillonnent aujourd'hui le Sahara.

On le voit, il y a dans la matière commerciale actuellement exploitée par le commerce du Sahara, les éléments d'un trafic considérable portant sur les produits qui sont dans le monde du négoce l'objet des transactions les plus sérieuses, telles que : les salpêtres, les peaux, les laines, les graines oléagineuses, etc. etc., il s'y trouve aussi les objets d'échange qui atteignent les plus hauts prix, tels que : l'indigo, l'ivoire, les plumes, l'or, etc., etc.

En dehors de cela, il existe certainement des productions du sol qui n'ont pu entrer dans cette nomenclature, car à l'heure actuelle ils sont inconnus et ils le seront tant que le Sahara et le Soudan n'auront pas été en tout sens soumis aux regards investigateurs des voyageurs, des savants, des commerçants de l'Europe.

Qui connaissait l'ALFA il y a vingt ans en Algérie ? Ce précieux textile n'y était qu'une mauvaise herbe. Aujourd'hui pour l'exploitation de cette seule plante il s'arme des navires en Europe et en Amérique, où elle a, sauf en *France*, transformé complétement l'industrie des papiers, et une portion de celle des tissus ; il se crée actuellement des lignes de chemins de fer pour aller exclusivement chercher, dans les profondeurs du Sahara, une plante qui n'avait, je le répète, nulle valeur il y a vingt ans en Algérie.

L'ARACHIDE n'a été cultivée au Sénégal et dans le Cayor

qu'en 1840, époque où l'on en exportait pour la première fois 1,210 kilog. en 1868 ; le Sénégal seul en exportait 12,695, 300 kilog (1). Depuis, cette exportation a considérablement augmenté; voilà ce que deviennent entre les mains du commerce européen les produits de l'Afrique lorsqu'ils sont connus.

Soit que nous voulions utiliser les produits existants du Sahara et du Soudan, soit que nous voulions en faire entrer de nouveau dans notre consommation, nous nous trouvons toujours devant une difficulté.

Comment les transporter?

D'un côté les distances sont courtes, mais le climat et le sol interdisent d'employer d'autre moyen que celui par trop primitif du transport à dos d'homme.

D'un autre côté le climat et le sol permettent l'emploi de tous les animaux de bât ; mais les distances se chiffrent par des milliers de kilomètres, et seules les marchandises d'une grande valeur peuvent supporter les frais et les longueurs occasionnés par leur transport.

Il serait plus utile cependant de retirer du Sahara du salpêtre que des plumes d'Autruche et du Soudan (2), du coton que de l'ivoire ou de l'or.

Les transports, telle est la difficulté qui se dressera constamment devant toutes les tentatives faites pour entrer en relations commerciales avec l'intérieur de l'Afrique.

(1) Voyez l'ARACHIDE son fruit, l'huile et le tourteau qu'on en retire par *M. B. Corenwinder* (broch. in-8°, Lille 1869).

(2) Il existe au Soudan une quantité considérable de coton et il y est à vil prix ; il est cultivé par les nègres, qui entendent fort bien cette culture. La qualité de ce coton en est fort belle, comparable aux Géorgie longues soies, mais l'industrie Européenne n'a jamais, à cause de la difficulté des transports, pu les utiliser. P. S.

VII

Chemin de fer d'Alger à Tombouctou et Saint Louis.

Depuis l'emploi de la vapeur comme moyen de locomotion, nous n'en sommes plus réduits pour trouver des transports économiques aux seuls fleuves, *ces chemins qui marchent.* Pourquoi ne demanderions-nous pas à cette vapeur qui a accompli tant de miracles dans les deux mondes celui de nous ouvrir le Sahara et le Soudan ?

« Lorsque (1) l'idée se produisit pour la première fois, il y
« a une quinzaine d'années, d'établir un chemin de fer qui,
« traversant le continent américain relierait New-York à
« Sacramento, l'Atlantique au Pacifique et donnerait aux
« États-Unis la prépondérance commerciale et politique
« dans l'extrême Orient, Chine et Japon, cette idée fut traitée
« de chimérique et de rêverie, même en Amérique, où les
« rêveurs ont eu si souvent raison. Aujourd'hui un rail
« continu relie l'une et l'autre mer, sur une longueur de
« cinq mille trois cents kilomètres environ, dont plus de la
« moitié en pays inculte et désert, sur des terrains où la
« nature a accumulé les difficultés, où les pentes sont très
« fortes, où les ponts et les tunnels ont dû être multipliés
« et où la voie a dû être recouverte sur de longs parcours
« par des toits et des constructions solides, pour résister à la

---

(1) Extrait de la lettre que j'ai écrite le 13 Janvier 1875, à M. le Ministre du Commerce. Ce projet je l'ai aussi exposé le 3 Février devant la Société de géograhie de Paris et dans diverses conférences publiques faites à Lyon — Avignon — Marseille. — Bordeaux — Paris — Lille — Rouen, etc. — P. S.

« chute des avalanches. Le chemin de fer du Pacifique a
« donné depuis son achèvement les résultats qu'on en atten-
« dait et les américains ont pu dire avec raison que l'œuvre
« de Christophe Colomb était accomplie, et que c'est le che-
« min qui conduit aux Indes.

« Or la distance qui sépare Saint Louis d'Alger en passant
« par Tombouctou n'est pas de quatre mille kilomètres, et
« la nature du pays est éminemment favorable à la construc-
« tion d'une voie ferrée. On sait maintenant à n'en plus
« douter que le Sahara n'est pas un désert de sable et inha-
« bité. De Boghari à In-Çalah sur plus de 1,200 kilomètres,
« partout j'ai trouvé un sol résistant, une seule fois j'ai ren-
« contré des dunes de sable mouvants et leur traversée ne
« m'a pas pris quatre heures. L'œuvre de construction d'une
« voie ferrée consisterait presque uniquement dans la pose
« des travées et des rails, les dunes n'étant ni assez rappro-
« chées, ni assez étendues pour être un obstacle sérieux.
« D'autre part nous savons à n'en pas douter que d'In-Çalah
« à Tombouctou la nature des terrains est absolument la
« même. Enfin les Arabes et les Maures appellent Sahara les
« terrains sur lesquels s'étend la route qui du Sénégal à
« travers le territoire des Traza se rend à Tombouctou. Or
« en arabe l'appellation de Sahara est donnée exclusivement
« aux terrains solides en opposition aux terrains mouvants.
« On peut dès lors conclure que la nature du sol est la même
« en deçà et au delà de Tombouctou. »

Une idée aussi simple, et qui doit forcément transformer
toute l'économie de l'Afrique Occidentale, avait du venir et
était venue à tous les hommes qui se sont occupés de cette
question spéciale ; on la trouve indiquée dans bien des ouvrages, notamment dans ceux du général Hannoteau et une
brochure de M. Juillet saint-Lager.

Depuis que j'ai donné à cette idée une forme définie, un
Ingénieur en chef des Ponts et Chaussées, M. *A. Duponchel*, a
envoyé à l'Exposition Internationale de géographie, une
carte indiquant un tracé de ce chemin de fer, qu'il appelle
de l'Afrique Centrale. M. Duponchel a fait distribuer aux
membres du Congrès International des sciences géographiques (session 1875) une brochure explicative sur son pro-

jet (1). Je prendrai dans cette brochure, qui m'a été donnée comme à mes collègues, certains détails précieux dans lesquels les études spéciales de M. Duponchel lui ont permis d'entrer avec autorité (2).

Pour M. Duponchel comme pour moi il faut tout d'abord arriver à Tombouctou. Il place mal, suivant moi, son point de départ car il choisit Tuggurth. Cette ville, ne me paraît point devoir être la tête de la ligne proposée. M. Duponchel paraît aussi n'attacher aucune importance à la grande loi physique du Sahara dont j'ai parlé, car il tient constamment sa ligne dans un bas-fond, foyer continuel de fièvres, au lieu d'être constamment, ainsi que cela a lieu par la route centrale, dans des contrés élevées et très-saines. Il indique le lit desséché de l'oued Mia comme étant la route toute tracée de la future voie, qu'il arrête a Tombouctou, au lieu de la prolonger, ainsi que je le propose, jusqu'à Saint-Louis : pour

(1) Le chemin de fer de l'Afrique Centrale, Étude géographique par *A. Duponchel*, ingénieur en chef des Ponts-et-Chaussées br. in-8° Montpellier 1875.

(2) Le Journal l'*Explorateur* a publié dans son numéro du 23 Septembre 1875 la lettre suivante de M. *A. Duponchel.*

« Monsieur le Rédacteur en Chef,

« Veuillez m'excuser si je ne vous ai pas encore remercié d'avoir inséré « dans votre journal un premier exposé de mon projet de chemin de fer « dans l'Afrique centrale. Je l'eusse fait si j'avais tenu à vous adresser en « même temps quelques observations nouvelles que motivaient vos critiques, « d'ailleurs si bienveillantes, et si je n'avais dû attendre quelques documents « qui me manquent encore, pour donner plus de corps à mon idée et vous « prouver qu'il ne s'agit nullement de faire des tracés à l'aventure.

« Sur ces entrefaites, je reçois tardivement à la campagne, votre dernier « numéro contenant une lettre de M. Soleillet, que je ne puis laisser sans « réponse immédiate. Je n'ai point l'intention de contester la priorité qu'il « revendique. Bien que je n'eusse nulle connaissance de la communication « officielle qu'il reproduit aujourd'hui, je ne mettais pas en doute que bien « d'autres n'eussent émis, avant moi, la pensée de relier l'Algérie à l'Afri- « que centrale par une voie de fer. Il me serait d'ailleurs facile de faire « voir que le projet de M. Soleillet diffère complétement du mien, quant aux « moyens. Puis, c'est un terrain sur lequel nous serons toujours d'accord et « où j'espère me rencontrer avec lui, le désir pratique que nous avons l'un « et l'autre de rendre service à notre pays, en appellant son attention sur « une des entreprises qui peuvent le plus contribuer à assurer sa grandeur « matérielle et à lui rendre son influence civilisatrice. »   A. DUPONCHEL.

M. Duponchel il paraît n'y avoir qu'une question Algérienne, où doit se trouver avant tout une question française.

M. Duponchel, dit : « L'entreprise Américaine a démontré
« en effet la possibilité d'exécuter une voie de fer d'une très
« grande longueur avec un seul chantier mobile de cons-
« truction, partant d'une de ses extrémités, faisant de la voie
« posée à l'arrière, à raison d'un avancement qui peut attein-
« dre de 2 à 3 kilomètres par jour sur un terrain facile, un
« engin de ravitaillement et d'exécution. »

Un seul chantier ainsi composé pourrait facilement partir de Boghari et se diriger sur Laghouat, le Mzab, El-Golea, In-Çalah, Tombouctou, le Sénégal ; il n'y aurait aucuns travaux d'art à faire, et l'on n'y aurait que de simples terrassements et quelques tranchées. Dans ces conditions la voie reviendrait, d'après les calculs de M. Duponchel, qui est ingénieur, à une somme de 300 mille francs par kilomètres, tout frais de construction de gares et les frais spéciaux d'approvisionnement d'eau compris. D'Alger à Saint-Louis, par In-Çalah et Tombouctou il y a 3,800 à 3,900 kilomètres; mettons 4,000 : cela représenterait une dépense totale de DOUZE CENT MILLIONS, la voie avançant à raison de deux à trois kilomètres par jour ; il faudrait donc 2,000 jours au plus, pas même six ans.

Pour la réalisation de ce projet M. Duponchel propose la création d'une puissante compagnie analogue par son but et ses moyens à l'ancienne Compagnie des Indes Anglaises. Si l'on veut bien se rappeler *que la Compagnie des Indes a présidé plus de soixante ans aux destinées de ce pays sans qu'une seule route y ait été ouverte, et qu'en 1850 en dehors du* GRAT TRUNK ROAD, *tout le mouvement des marchandises dans le Bengale s'opérait à travers des sentiers à peine frayés, ou sur des rivières dangereuses* (1), l'on doit avoir peu de confiance dans dans un pareil moyen pour créer des voies de communication en Afrique, l'intérêt de semblables compagnies étant plutôt de fermer les contrées dont l'exploitation leur est abandonnée que de les ouvrir.

(1) Voyez les ANGLAIS ET L'INDE, par E. de Vabrezon (1 vol. in 8° Paris, Michel Lévy).

Il faudrait au contraire une grande compagnie Internationale, analogue à la compagnie universelle du canal de Suez, qui créerait ce chemin de fer et n'aurait d'autre mobile que de le voir devenir le centre d'un transit considérable. Une telle voie devrait être neutralisée ; ce serait avant tout une artère industrielle de civilisation. Comme l'Église au moyen âge, l'industrie doit être aujourd'hui une grande force morale, elle doit opposer une digue aux barbaries de la guerre et de la force, faire respecter ses travaux, avoir ces lieux d'asiles, ses trêves.

Si retournant à des considérations moins élevées, mais qui ont leur importance, nous cherchons à savoir quels seront les bénéfices et les garanties que nous aurions à donner aux bailleurs de fonds qui confieraient à une telle entreprise DOUZE OU QUINZE CENTS MILLIONS DE FRANCS, ainsi que l'a fait judicieusement observer M. Duponchel, nous avons ces garanties dans le seul transport du sel, denrée de première nécessité, *qui manque complétement dans l'Afrique Centrale, dont la fourniture actuelle met déjà en mouvement des caravanes de 10,000 chameaux, dont la consommation régulière calculée sur les besoins réels d'une population de plus de 80 millions d'hommes, devrait à elle seule, dans un temps donné, assurer un chiffre d'importation annuelle de près d'un million de tonnes, suffisantes pour alimenter un chemin de fer qui en aurait le monopole.*

Cette pénurie de sel dans l'intérieur de l'Afrique a été remarquée par tous les voyageurs. Déjà en 1860 et en 1862 dans de remarquables travaux qu'il fit au sujet de la mission de Ghadames, M. de Polignac, alors capitaine d'état-major attaché au bureau des affaires politiques du Gouvernement de l'Algérie, l'avait fait remarquer et indiqua en même temps le Sahara comme étant avec ses gisements inépuisables de sel gemme la source qui devait fournir à ce besoin.

Je réduis à 40 millions la population à approvisionner, car les contrées sises à l'Orient et au Sud du lac Tschad, tombent naturellement dans le rayon d'attraction de l'Egypte et des colonies anglaises de l'Afrique Méridionale. Mais ainsi réduit, l'approvisionnement de toute nature d'une population aussi importante suffira amplement pour assurer le service d'une voie ferrée. Dans les conditions exceptionnelles où se trouverait cette ligne, sans pente et sans courbe, elle pourrait être parcourue par de trains de marchandises de 80 à 100 pièces pouvant convoyer de 9 à 1,000 tonnes en une fois, et qui transporteraient ainsi à vil prix les produits du Sahara et du Soudan, qui, comme les salpêtres, les cotons etc., etc., ne peuvent à cause des prix élevés du fret entrer dans le commerce général.

Un chemin de fer qui mettrait ainsi en communication l'Océan à la Méditerranée ne serait pas borné du reste au seul transit du Sahara Central et du Soudan Occidental.

Saint-Louis est déjà une station commerciale importante, à laquelle touchent les navires venant du Brésil et de la Plata et qui se rendent en Europe. Le jour où un chemin de fer unira Saint-Louis à Alger, les voyageurs et certaines marchandises qui demandent des moyens de transports rapides et réguliers emprunteraient cette voie pour se rendre en Europe.

Prenons Paris comme centre vers lequel tendent les voyageurs qui partis de Saint-Louis se dirigent vers l'Europe. Il faut d'abord, avec du beau temps, neuf jours pour arriver à Bordeaux, plus un jour de Bordeaux à Paris, soit 240 heures. La ligne de Saint-Louis à Alger, sans courbe et sans pente, pourrait être parcourue par des trains rapides atteignant une vitesse encore inconnue. Déjà il circule entre Paris et Bordeaux un train faisant 80 kilomètres à l'heure, n'atteindrait-on que cette vitesse, que l'on pourrait en 50 heures aller de Saint-Louis à Alger, en passant par Tombouctou. D'Alger à Marseille il faut 30 heures, de Marseille à Paris 16 heures, soit un total de Saint-Louis à Paris par Tombouctou, Alger et Marseille de 96 heures. Le même trajet demande par Bordeaux 240 heures, et encore la voie de mer n'offre jamais les garanties de sécurité pour la régularité de la marche, qu'offre la voie de terre: en mer on est le jouet du temps; si la science est arrivée à le prévoir, elle ne peut encore ni le prévenir, ni en empêcher les effets.

Une telle route non-seulement deviendrait une voie de communication entre nos deux colonies, mais elle servirait encore à amener au Sénégal et en Algérie un trafic des plus importants ; tous les produits originaires du Sahara et quelques uns du Soudan amenés à In-Çalah par les caravanes qui viennent d'Aguedes, seraient dirigés sur l'Algérie. Mais la presque totalité des productions du Soudan arriverait à Tombouctou et serait dirigé sur le Sénégal, à qui toutes ces richesses donneraient une vie nouvelle et qui ne serait plus qu'à 96 heures de l'Europe, par le chemin de fer , et à quelques secondes seulement par la ligne télégraphique, qui serait la conséquence naturelle de la construction de la nouvelle voie.

Ce chemin de fer serait aussi le lien qui unirait, à travers le Sahara, le nouveau monde à l'ancien. Les avantages que présentera un tel moyen de communication pour les voyageurs et pour les correspondances, et même pour certaines marchandises, sont trop évidents pour qu'il soit besoin d'en parler ; je remarquerais cependant que les régions tropicales mises ainsi en relations avec le Nord deviendraient des entrepôts d'où le soleil emmagasiné dans les fruits et légumes savoureux serait expédié régulièrement, ce trafic seul des fruits et légumes suffirait amplement pour mettre en mouvement bien des wagons. Un complément indispensable de cette voie serait la pose d'un câble entre Saint-Louis et l'Amérique Méridionale.

Nous le savons, l'histoire nous l'enseigne, la prospérité des peuples dits de races latine a toujours été étroitement liée à l'importance commerciale de la Méditerranée. Du jour où, par les découvertes de Colomb et de Gama, le commerce, de Méditerranéen qu'il était, devint translatlantique et transaustral, de ce jour-là commence au détriment du commerce latin, l'accroissement commercial de l'Angleterre et de la Hollande... etc.... La conséquence d'une telle voie, serait, en corroborant les effets déjà obtenus par le canal de Suez, de ramener à la Méditerranée le commerce général du monde.

Je ne voudrais pas cependant que l'on pût supposer qu'une semblable création diminuât en rien le mouvement commercial du Sénégal avec l'Océan ; ce commerce au contraire en recevrait un accroissement pour le moins aussi considérable que celui de l'Algérie avec la Méditerranée. Ainsi que je l'ai déjà fait remarquer, suivant leur valeur les marchandises demandent ou une voie rapide ou une voie économique et un chemin de fer qui unirait le Sénégal au Niger et l'Algérie au Niger, augmenterait dans une proportion tout aussi considérable les relations du Sénégal avec Bordeaux, Dunkerque et le Nord, que les relations de l'Algérie avec Marseille et les autres ports de la Méditerranée.

Je terminerai ces considérations déjà longues par une anecdote qui m'est personnelle et qui prouvera le chemin rapide que font certaines idées.

Le 20 Avril 1875, le Sémaphore, journal de Marseille, reproduisait une communication que j'avais faite quelques jours auparavant à la Chambre de Commerce de cette ville. M. Barlatier, directeur et propriétaire de ce journal, croyait devoir supprimer de cette communication tout ce qui avait rapport à l'établissement futur d'un chemin de fer entre Alger, Tombouctou, Saint-Louis.

M. Michel Rozan, ancien élève de l'école normale, agent de la *Société pour la défense et le développement du Commerce et de l'Industrie de Marseille* l'un de mes amis les plus dévoués, qui est complétement acquis, après les avoir sérieusement étudiées, aux idées que je représente, faisait l'observation de cette suppression à M. Barlatier et lui disait que cette physionomie de *vates* qui me donnait une pareille vue dans l'avenir était dans mon rôle, et qu'il ne fallait point me la supprimer.

M. Barlatier lui répondait : *Il faut avant tout que M. Soleillet, dont les projets m'intéressent, paraisse un homme sérieux, et un tel chemin de fer est trop bâti sur les sables du Sahara pour ne pas devoir lui nuire ; c'est pour cela que je ne le reproduis pas.*

Trois mois après, en plein congrès International des sciences géographiques, au milieu de tout ce que le monde savant compte de plus illustre, ce ne sera plus le sérieux ni l'exécution possible d'un tel projet que j'ai à discuter ; mais le tracé même de ce chemin de fer, et cela avec qui ? avec une personne revêtue de cette stampille de l'État nécessaire à certaines gens, pour considérer un homme et ses projets comme sérieux : M. Duponchel est, ne l'oublions pas, un ingénieur en chef des ponts et chaussées.

Aussi est-ce avec une entière confiance que je regarde l'avenir, en demandant non par qui, mais à quand l'exécution de la ligne

ALGER. — TOMBOUCTOU. — SAINT-LOUIS !!!

VIII

Fertilisation du Sahara.

De toutes les contrées du globe, le continent africain est celui qui se prête le plus docilement aux efforts de l'industrie moderne, qui a su en faire une île par l'ouverture du canal de Suez, et en faisant jaillir par la sonde artésienne les eaux que ses plus arides contrées tenaient renfermées dans leur sein, a porté la fertilité et la vie dans les parages les plus déserts. Or, c'est là seulement le commencement des transformations que l'Afrique est destinée à subir.

Une des causes d'infériorité de l'Afrique du Nord, remarquée par tous les géographes, ce sont ses côtes sans baies et la sécheresse de son climat. Deux dépressions existent dans le Sahara, à l'Est et à l'Ouest du Mogreb, l'une sur la Méditerranée, l'autre sur l'Océan ; le jour est proche où la mer étant amenée par un canal, ces dépressions seront remplies et constitueront des golfes ou mers intérieures, qui corrigeront ce qu'a de défectueux la côte Nord de l'Afrique et modifieront complètement son climat.

Déjà la dépression de l'Est est entamée ; le capitaine Roudaire, qui est un savant et un homme d'action, veut créer et créera une mer intérieure en Afrique. Il a en son œuvre la foi, vraie garantie du succès.

Demain un autre amènera dans le Sahara l'Océan, comme la Méditerranée y aura été amenée par Roudaire.

A ces hommes comme à tous ceux qui servent la cause du progrès, mon admiration appartient tout entière : j'ai le cœur assez grand, Dieu merci, pour pouvoir admirer ; mon œuvre me suffit, et je ne voudrais point ajouter à mon nom cette fade popularité que l'on obtient lorsqu'en se parant d'un bon sens, qui cache mal la jalousie, fille de l'impuissance, l'on essaie d'entraver des entreprises dont la conception seule honore l'humanité.

Le chemin de fer, dont je suis le promoteur, qui a fait l'objet du précédent chapitre, et qui aurait sur la situation économique de l'Afrique occidentale une si grande influence, serait constamment, de Boghari à St-Louis, dans le Sahara, et il y serait une des causes efficaces de la transformation que l'homme est appelé à faire subir à cette portion de sa planète.

Le Sahara est une région toute spéciale qui sépare le Mogreb, l'Atlantide des Anciens (Maroc — Algérie — Tunis — Tripoli) du Soudan, (*bled el Soudan*, pays des noirs). Il commence à Boghari, 156 kilomètres au sud d'Alger, il s'étend au midi jusqu'à la région des pluies tropicales, est borné à l'Ouest par l'Océan, à l'Est par la Méditerranée et les sables du désert Libyque. Il représente donc une surface égale à l'Europe, moins la Russie. Dans cette immense contrée, vit seulement une population d'un million cinq cent mille âmes, dont une portion, les deux tiers environ, nomade campe sous la tente et se livre à l'élève du bétail. Le nom arabe seul du Sahara, qui vient du radical *Ra'a* pâturer, indique les proportions que les pâturages ont dans cette contrée. L'autre tiers de la population habite dans des villes et se livre à l'agriculture et au commerce.

Le Sahara, appelé aussi Grand désert, n'est point la région aride et désolée que la classique géographie nous représente sans eau, remplie de sables mouvants qui, soulevés par des vents brûlants, ensevelissent les caravanes. Le sable mouvant, sous la forme de dune, existe à la vérité dans le Sahara, mais il n'en occupe qu'une infime partie. Ces sables pourraient du reste être fixés par des plantations de pins et de genêts.

Si l'on veut avoir une idée juste du Sahara, il faudra en diviser les terrains en cinq catégories :

1° En dunes, l'on vient de voir leur peu d'importance ;

2° En bas-fonds, *chotts sebka*; ils occupent aussi une étendue peu considérable ;

3· En plateaux pierreux sans végétation, nommés en arabe *hamada*, du verbe *hamada*, (être privé de végétation) ;

4º En montagnes, véritables Alpes ayant des neiges persistantes et où de grands fleuves prennent leur source ;

5· En vastes plaines légèrement ondulées coupées par des *ouad*, véritables fleuves dont l'eau, à cause de la spongiosité du sol, et de l'évaporation excessive qui se produit dans une contrée sans pluie et sans arbres, au lieu de couler à ciel ouvert comme celle de nos rivières d'Europe, coule dans le sous-sol. Ces vastes plaines sont ce que les indigènes appellent plus spécialement *Sahara* (terres de pâturages), et comme elles composent la plus grande partie du Grand désert, les Arabes lui ont donné ce nom de *Sahara*, qui correspond à notre nom français *herbage*. Le sol sur lequel s'étendent ces herbages est d'une fertilité incomparable dès qu'il est cultivé et arrosé, et l'eau ne saurait manquer dans une contrée où se trouvent des massifs montagneux tels que le Djebel-Hoggar, Djebel-Amour, etc., etc.

La vie végétale se rencontre actuellement dans le Sahara sous trois formes spéciales, d'abord les *Daya* (au sing. *Dayé*) qui sont des points en contre-bas, où le terrain formant cuvette permet à l'humidité de se concentrer et à de grands arbres de se développer ; là se trouve une végétation naturelle des plus variées.

Les portions du Sahara qui ne sont point dans ces conditions exceptionnelles d'humidité, sont caractérisées par une seule plante annuelle couvrant de grands espaces : ainsi de Boghari à *Ras-Chaab* l'on compte 290 kilomètres pendant lesquels l'alfa est la plante dominante dans tous les endroits qui ne sont point des Daya, puis vient le drin, etc., etc.

La troisième forme sous laquelle se produit la végétation dans le Sahara, ce sont les oasis ; toujours elles sont l'œuvre de l'homme. Tantôt elles se trouvent placées, comme celles de Laghouat, d'El-Golea, dans des territoires où l'eau est près du sol, et où elles ont remplacé des daya ; d'autres fois, comme pour les oasis du Mzab, elles ont été créées dans des contrées où l'eau est très-loin du sol ; au Mzab, elle est à plus de 60 mètres, et aucune végétation ne s'y produirait sans culture.

Dans les oasis qui sont créés sur des anciens fonds de daya la fertilité n'est pas plus grande que dans ceux que l'on a conquis sur des sols éloignés de la couche aquifère.

Partout j'ai vu sous des palmiers des oasis pousser, avec une vigueur inconnue sous d'autres cieux, tous les arbres et toutes les plantes de l'Europe et de l'Afrique; il y vien taussi, sous ces palmiers, tous les légumes, toutes les céréales ; le coton et le séné y sont cultivés avec succès. Enfin, j'ai toujours trouvé une vie végétale réelle, là où je ne m'attendais à rencontrer que quelques maigres palmiers.

L'importance agricole des oasis du Sahara, je la démontrerais par deux chiffres ; l'un, je l'emprunterais à un ouvrage consciencieux de M. J.-J. Clamageran sur l'Algérie (1). S'appuyant sur des chiffres officiels, cet auteur montre que le Sahara Algérien produit pour une valeur de plus de 60 millions de francs de dattes seules.

Quant à l'autre chiffre, je l'asseois sur les données que j'ai recueillies moi-même dans le Sahara, touchant la valeur des terrains, au Mzab ; les jardins et les terres y sont complantés de palmiers disposés en quinconces et éloignés les uns des autres de deux à trois mètres, ils se vendent par palmiers et à raison de 800 fr. le palmier.

Jusqu'à présent dans le Sahara, partout où l'homme s'est fixé au sol, partout où il a travaillé la terre, de planturaux oasis ont surgi : le Sahara n'est le désert que parce qu'il est inculte et inhabité, il n'est ni incultivable ni inhabitable. Habité, le grand désert devient un vaste oasis ; tous les jours nous en voyons dont la population a été chassée et détruite par la guerre disparaître ; et les squelettes noircis des palmiers attestent seuls pendant quelques temps que là il y eut des hommes et de la végétation; et nous enseignent comme meurent les oasis.

Nous savons aussi comment ils naissent : ceux du Mzab par exemple, sont établis sur un terrain qui n'avait, il y a à peine trois siècles, aucune espèce de végétation : le Mzab

---

(1) L'*Algérie*, impressions de voyage suivies d'une Étude sur les institutions kabyles, 1 vol. in-8., Paris, 1874.

est actuellement un centre agricole prospère, et ces indigènes, ne disposant d'aucun des moyens que l'industrie actuelle place dans nos mains, ont su utiliser les eaux de leur fleuve qui coule à une profondeur de 60 mètres et au moyen de barrages ils irriguent tout leur territoire. En 1852 Tendouf n'existait pas ; c'est aujourd'hui un oasis important.

Les solitudes du Sahara, dans leurs parties les plus dénudées, conservent les vestiges d'une grande civilisation d'hommes de race noire, les Garamantes ; civilisation à laquelle appartiennent les puits à galeries et des routes pavées. Au moment où fleurissait cette civilisation, cette portion du désert était fertile parce qu'elle était habitée ; ces peuples ont laissé sur des roches des dessins, vus et reproduits par plusieurs voyageurs, notamment par le docteur Barth, représentant les scènes ordinaires de leur existence. L'on y voit des zébus traînant des chars, ou employés à d'autres usages ; or, il faut à ce bœuf, qui était leur principal animal domestique, plus d'eau et de pâturages que n'en comportent aujourd'hui ces mêmes contrées.

La petite colonie européenne qui suivra l'installation du premier consul d'In-Çalah, celles qui se formeront plus tard autour des centres qui seraient la conséquence de la création d'une grande voie ferrée traversant le Sahara, ne tarderont pas à reconnaître la fertilité tout exceptionnelle du sol ; ces premiers colons seront probablement ou des Maltais ou des Espagnols, les uns et les autres habitués à des cultures analogues à celles qui sont actuellement pratiquées dans le Sahara.

Mais quelques nombreux qu'ils arrivent dans le Sahara, les européens ne pourront suffire aux travaux que réclameront sa fertilisation et la création de ses routes ; ceux qui y viendront auront, du reste, des exigences légitimes, telles que le salaire élevé de la main-d'œuvre, pourrait être un obstacle insurmontable. On aura beau demander aux machines un travail artificiel, il y a une chose que rien ne remplace, ce sont les bras et la sueur de l'homme : où trouver ces bras et cette sueur ?

CHEZ LES POPULATIONS ESCLAVES DU SOUDAN OCCIDENTAL.

IX

Abolition de l'esclavage dans l'Afrique Occidentale par le peuplement du Sahara.

La suppression de l'esclavage, *cette plaie honteuse du monde*, comme l'appelle le grand voyageur anglais, David Levingstone, est un beau et noble but que poursuivent actuellement toutes les nations civilisées.

Jusqu'à présent en Afrique, l'on est arrivé à supprimer en partie la traite, mais l'esclavage n'en existe pas moins avec toutes ses cruautés (1).

Pour être martyrisés loin de nous, au cœur même de la

---

(1) Extrait d'une lettre de Porto-Novo le 16 avril 1875 :

Porto-Novo vient d'être le théâtre d'horribles sacrifices humains qui se sont succédé pendant neuf jours avec une barbarie incroyable.

. . . .

Les funérailles des rois se célèbrent deux fois. Dès que le souverain vient d'expirer, un grand nombre de ses esclaves arrosent de leur sang le tombeau royal ; et ce premier sacrifice est toujours accompli, lorsque le peuple apprend que le roi n'est plus. Par ce silence plus ou moins prolongé, on prévient souvent les intrigues et les troubles.

Les secondes funérailles sont publiques et solennelles : c'est l'apothéose du roi, qui alors devient fétiche. On lui envoie un plus grand nombre de femmes et d'esclaves, qu'on immole en grande cérémonie. Pour rehausser l'éclat de sa cour dans son nouveau royaume, on lui choisit des cabacères, ou ministres. Mais ceux-ci, préférant aux honneurs d'outre-tombe ceux de la vie présente, obtiennent à prix d'argent d'être remplacés par des esclaves. Ces derniers sont un instant revêtus de la dignité des cabacères et misérablement sacrifiés.

N. BAUDIN A M. PLANQUE, SUPÉRIEUR DES MISSIONS AFRICAINES A LYON.

Négritie, les nègres n'en sont pas moins esclaves; nous n'entendons plus leurs gémissements, mais ils se produisent toujours : ils sont même plus nombreux, car le noir n'ayant plus entre les mains de son avide et cruel possesseur la valeur qu'il représentait autrefois, celui-ci ne lui accorde plus les soins qu'il donnait à son argent.

Dans le Soudan, presque toute la population est esclave et appartient à un petit nombre de rois, qui vivent de leurs esclaves comme d'un troupeau de vil bétail. Cet état de choses est créé par un excédant de population d'une part, et par la non-valeur du travail d'autre part. Quand le travail de ses bras ne suffit pas à l'homme pour vivre, il faut bien qu'il se donne un maître.

Ces populations, du reste, nées esclaves, de parents esclaves, ne sauraient, si elles étaient délivrées, faire un judicieux usage de leur liberté et de leur travail; il leur faut une éducation, une initiation à la vie. Amenons-les dans le Sahara, elles y feront les grands travaux que réclame cette contrée; elles le fertiliseront, et pour prix de ce service, avec l'initiation à la vie moderne qu'elles trouveront dans leur contact avec nous, elles auront la liberté.

Il ne faut point s'attacher aux mots, il existe des millions d'hommes que l'on vend, et quand l'on ne trouve pas à les vendre, souvent on les tue, parce qu'on ne sait qu'en faire.

Notre qualité de civilisés nous donne sur eux une sorte de droit paternel, que nous ne saurions mieux employer qu'en les rachetant à leurs maîtres actuels.

Amenons-les dans le Sahara, faisons-leur accomplir pendant un temps déterminé la tâche pour laquelle ils semblent destinés, ensuite donnons-leur une liberté que sans nous ils n'auraient jamais connue : nous aurons achetés des esclaves et nous laisserons des hommes. Il est facile de concevoir comment, au moyen de sociétés philanthropiques ou industrielles, ce rachat de nègres esclaves pourrait s'opérer. Un tel peuplement surveillé par les consuls, dont l'établissement dans le Sahara doit précéder toute innovation, ne saurait jamais constituer un retour vers l'esclavage.

Priver momentanément un homme de sa liberté, n'a rien de barbare ni d'inhumain, quand on le fait pour le faire contribuer à une action utile ; cela se passe tous les jours dans nos sociétés. En France cet esclavage momentané a un nom : l'on est *réquisitionné*, pour un incendie, pour un ser-service public, la patrie nous réquisitionne pour le service militaire sans nous demander notre consentement, et nous acquittons l'impôt du sang avant d'avoir, par nos votes personnels, pu influer sur son application, cet impôt est consenti par nos pères, et c'est nous qui le subissons.

Tous enfants nous avons été contraints dans des colléges, dans des écoles, pour notre initiation à la vie, à des travaux, à des études, que nous n'avions point librement choisis.

L'apprenti, dont le temps, pendant plusieurs années, est la chose d'un maître pour lequel il produit un travail utile, ne recevant cependant pour tout salaire qu'une éducation professionnelle, se trouve dans une situation identique à celle qui serait faite aux noirs ainsi amenés dans le Sahara.

Sans entrer dans des détails, qui ne sauraient trouver ici leur place, il est nécessaire d'indiquer qu'actuellement on peut se procurer au Mzab, à Ouargla, à Metilli (Sahara algérien), un couple de noirs, adultes homme et femme de belle race pour 1,000 fr. En donnant à ces deux êtres leur liberté au bout de cinq ans de travail, et en supposant qu'ils coûtent pour leur entretien et leur nourriture la somme annuelle, qui ne serait certainement pas atteinte, de 400 fr. pour les deux, l'on a, au bout de cinq ans, une dépense totale de 3.000 fr. En estimant le travail de l'homme à 2 fr. par jour seulement, au bout de cinq ans il a produit une somme de 3,500 fr. ; le travail de la femme sert à compenser les chômages, les maladies, les décès ; on n'a fait aucun bénéfice, ce qui serait odieux, sur la liberté de ces gens, mais l'on est rentré dans les fonds exposés, et un travail utile a été accompli.

Une fois libres, ces nègres ou retourneraient dans leur pays et y seraient de véritables moniteurs de civilisation, ou, le plus grand nombre certainement, se fixeraient au sol du Sahara qu'ils cultiveraient et peupleraient après avoir servi à sa transformation. Je n'admettrais pas l'introduction des noirs, si l'on ne devait leur procurer dès le premier jour, le moyen de se marier, et de s'attacher ainsi au sol.

Peut-être les nègres trouveraient-ils dans le Sahara, où des hommes de leur race, les Garamantes, étaient arrivés à un état très-avancé de civilisation, des conditions climatériques se prêtant mieux que le climat énervant du Soudans à leur développement intellectuel ; peut-être verrions-nous promptement ces noirs importés, devenir des hommes civilisés analogues à ceux de leur race, que nous voyons dans nos écoles et dans toutes nos fonctions publiques. Il y a des nègres français, prêtres, magistrats, officiers, médecins, avocats, ingénieurs, etc., etc., et ils montrent dans ces diverses professions tout autant d'intelligence que les blancs.

Nous aurions incontestablement dans les noirs du Soudan des auxiliaires précieux. Ce ne sont point des sauvages incapables de travail utile, ils ont déjà franchi les deux premiers échelons de la vie sociale, ils ne sont plus chasseurs, ils ne sont plus pasteurs, ils vivent dans des villages, ils se livrent à la culture du sol, ils ont une organisation sociale fixe, qui a à sa base l'esclavage, qui est une des formes de la civilisation, et qui fut le levier sur lequel s'appuya l'antiquité.

Il serait plus barbare de refuser d'acheter ces hommes et d'utiliser momentanément leur servitude, de les priver ainsi, eux de leur liberté que seuls nous pouvons leur accorder, et nous des bénéfices que leur travail peut nous procurer, qu'il ne serait humain de nous en abstenir sous le prétexte de respect pour la liberté humaine.

Cette idée du peuplement du Sahara par les noirs a été, je crois, pour la première fois émise en 1842 par M. Sutil.

Depuis, MM. Ausone de Chancel, Henri Duveyrier, de Polignac, Féraud, etc. etc., ont tour à tour appelé l'attention sur de semblables projets. J'en entretenais la Chambre de Commerce d'Alger le 26 juin 1873, et ce projet lui a paru assez important pour qu'elle se le rappelât dans le rapport qu'elle fit sur mon dernier voyage au gouverneur général de l'Algérie.

Pour le général Chanzy, cette idée, qui lui paraît digne d'étude, est d'une réalisation difficile. Il me semble que quelque difficile qu'il paraisse, un projet dont la réalisation permettrait de transformer un monde et de délivrer une race doit être tenté. J'appelle sur lui l'attention des économistes, des philanthropes et des anti-esclavagistes, aux méditations desquels je livre les réflexions qui précèdent.

CONCLUSION

L'avenir de la France est en Afrique, parce que là se trouve l'Algérie, cette terre fertile entre toutes, qui doit promptement devenir une terre exclusivement française, peuplée, cultivée, possédée par des Français ou par des hommes acceptant librement nos lois et nos mœurs. Nos départements algériens sont appelés à former cette France transméditerranéenne, qui fera, ainsi que le disait un publiciste distingué, « que des Français fortement établis « sur les deux rives de la Méditerranée, au cœur de l'ancien « continent, maintiendront, à travers les temps, le nom, la « langue et la légitime influence de la France.

L'avenir de la France est en Afrique, parce que là se trouve le Sénégal. Cette terre depuis des siècles est française et elle nous donne dans nos concitoyens noirs, qui peuvent affronter toutes les rigueurs des meurtriers climats de l'Afrique équatoriale, le moyen de nous étendre en tout sens, de rayonner de tous côtés, sur les riches régions du Niger destinées à devenir l'apanage de la plus ancienne de nos possessions.

L'avenir de la France est en Afrique, parce que là se trouvent un désert à fertiliser, un monde à civiliser, les chaînes séculaires de toute une race à briser.

L'avenir de la France est en Afrique, parce que c'est là que doit passer une des grandes artères du monde moderne, celle qui mettra l'Amérique en communication avec la Méditerranée.

Je ne suis qu'un simple voyageur, dont l'ambition se borne à planter des jalons sur la route qui, à travers le Sahara, doit réunir nos deux possessions d'Afrique et le Nouveau monde à l'ancien.

J'ai cru cependant qu'il m'appartenait d'élever la voix et de dire ce que je voyais, comme le gabier de vigie, qui du haut de son mât, doit le premier de l'équipage crier : terre !!!

Les idées que je viens d'exposer auraient pu l'être par des spécialistes, mais il y a fort à craindre que chacun n'eût vu dan l'ensemble des faits dont je viens d'entretenir mon lecteur, que celui touchant à sa spécialité : l'un n'aurait songé qu'au commerce, l'autre qu'à la fertilisation du Sahara ou à son peuplement par les noirs, un troisième n'aurait entrevu qu'une locomotive dévorant l'espace au milieu d'un continent désert.

Il appartenait à un voyageur comme moi de voir les choses d'un œil plus philosophique et de comprendre que la transformation de l'Afrique doit s'effectuer par les différents moyens que j'ai indiqués, mais tous employés simultanément. En effet, que sera le commerce de l'Afrique centrale si on n'y produit une révolution dans les transports? Seul un chemin de fer peut la procurer ; mais comment créer ce chemin de fer sans bras ? comment conserver et entretenir la voie une fois qu'elle sera établie, si elle ne traverse que des régions désertes ? comment peupler ces régions, si elles demeurent incultes ? Les bras nécessaires à la construction de la route deviennent dans mon projet ceux qui fertilisent le Sahara, et je fais suivre la pose des rails entre Alger et Saint-Louis, de la création à droite et à gauche de la voie d'oasis qui, avec le temps, formeront un berceau continu de verdure entre l'Océan et la Méditerranée, et qui finiront, par leur accroissement naturel, à remplir d'arbres, de champs de céréales, de troupeaux et d'habitants une contrée presque aussi grande que l'Europe, et qui est aujourd'hui déserte.

J'ai cru aussi qu'il était bon que ce fût un voyageur

comme moi qui appelât l'attention du public sur cette question capitale, car si nous en savons aujourd'hui assez pour affirmer que l'AVENIR DE LA FRANCE EST EN AFRIQUE, nul n'en sait assez aujourd'hui sur le Sahara pour pouvoir sans témérité y entreprendre quoi que ce soit sans avoir étudié plus sérieusement qu'on ne l'a fait jusqu'à présent cette contrée.

Ce qu'il faut, ce qui est impérieusement nécessaire, c'est que nous connaissions enfin les régions qui séparent nos deux colonies. Les Russes, les Anglais, les Américains, les Égyptiens même, nous montrent comment il faut agir en pareil cas: la France ne finira-t-elle pas par rougir d'une inaction qui lui est si préjudiciable? Je l'espère, et c'est pour cela que je me suis efforcé dans les pages précédentes de soulever un coin du voile qui nous cache ce mystérieux continent, dernier repaire de la barbarie. Par notre conquête d'Alger, nous avons déjà eu l'honneur de la détruire sur mer : reculerions-nous maintenant qu'il nous faut attaquer pacifiquement cette même barbarie au sein de l'Afrique?

PIÈCE JUSTIFICATIVE

A

Lettre du Dr Warnier, député d'Alger, à Monsieur le Président de la Chambre de Commerce d'Alger.

Versailles, le 25 avril 1873.

Monsieur le Président,

Les encouragements de tous les hommes qui ont à cœur la prospérité de l'Algérie et peuvent servir ses intérêts me paraissent dus à l'entreprise que M. Paul Soleillet poursuit, avec une ténacité si persistante, en vue de doter notre patrie adoptive d'une extension considérable de son commerce, au moyen de relations bien établies avec le Sahara d'abord, et l'Afrique centrale ensuite.

Mon concours le plus sympathique et le plus dévoué lui est acquis, et ce n'est pas seulement, vous le savez, depuis que j'ai l'honneur d'appartenir à la députation algérienne, que je m'occupe de cette question. En 1859, simple citoyen, j'ai aidé de toutes mes forces la généreuse tentative de mon ami M. Henri Duveyrier, lorsqu'il alla, en dehors de la limite méridionale de nos possessions, demander à l'inconnu comment nous pourrions attirer à nous, dans l'intérêt des relations commerciales, les populations qui nous séparent du centre de l'Afrique.

Si M. Henri Duveyrier y a usé ses forces et compromis

même son existence, ce sacrifice n'aura point été sans profits, car il a certainement préparé les voies à l'accomplissement de la tâche que se propose aujourd'hui M. Paul Soleillet.

Le but de celui-ci est de se rendre à In-Çalah, principal marché du Sahara, en septembre prochain, moment où y arrivent les caravanes du Maroc, de la Tunisie, et de la Tripolitaine, et de présenter à la Djemâa de la localité, qui constitue pour ces populations une véritable Chambre de commerce, des échantillons de tous les produits que la France peut offrir en concurrence de ceux de l'Angleterre, aux commerçants sahariens et soudaniens.

Avant de patronner la tentative de M. Paul Soleillet, j'ai dû me rendre compte des ses chances de succès, et voici celles qu'elle me paraît comporter.

Son entreprise rencontre à Laghouat l'appui intéressé du Marabout Molay Ali, héritier du prestige de son grand-père El Hadj Aissa, le même qui est réputé par les Arabes avoir prédit notre conquête. Molay-Ali est un homme sérieux. Sidi Eddin, des oulad Sidi Cheikh, qui est venu négocier avec M. le vice-amiral de Gueydon la soumission de Sidi Kaddour, dernier fils survivant de notre ex-kalifa Sidi Hamza, ayant plus que personne intérêt à ce que la paix et l'ordre règnent dans le Sahara, promet de même son entier concours à l'établissement des relations commerciales qui garantiront l'une et l'autre.

Le caïd de Metlili Sliman Ben Messaoud, dont l'autorité sur ses administrés les Chaamba ne peut s'exercer qu'à la condition que la paix et le commerce donneront à ceux-ci des moyens d'existence, offre à M. Paul Soleillet, de mettre à sa disposition son frère Mohamed et deux autres membres de sa famille, avec tel nombre de chameliers qu'il demandera, pour l'accompagner à In-Çalah, lui garantissant toute sécurité sur sa propre tête. Il s'engage de même à lui procurer pour l'avenir tous les convoyeurs dont il pourra avoir besoin.

Il est à votre connaissance comme à la mienne, Monsieur le Président, que M. le colonel Mircher, chef du cabinet militaire de M. le Gouverneur général de l'Algérie, a attaché son nom au traité conclu, sous le gouvernement du maréchal duc de Malakoff, avec les Touareg, en vue des relations commerciales à établir avec l'intérieur du continent ; la haute et légitime influence de cet officier supérieur auprès de M. le vice-amiral de Gueydon est donc acquise d'avance à un projet destiné à assurer l'exécution de son œuvre.

Vous n'ignorez pas non plus quels liens de confiance et et d'amitié unissent M. Henri Duveyrier et moi-même au Cheikh Othman, le plus grand marabout du Sahara, dont l'autorité est si grande parmi ses coreligionnaires que seul et au début de sa carrière d'apôtre saharien, il a pu obtenir pour un anglais, le major Laing, le libre passage à In-Çalah, et faire retrouver plus tard les papiers de cet officier, assassiné à son retour de Tombouctou. Ce même Cheikh Othman, consignataire avec le colonel Mircher du traité sus-mentionné, est venu déjà à Paris, sur mes instances, à l'effet de témoigner du double intérêt du Sahara et de l'Algérie, à un commerce avec l'intérieur du continent. A cette époque je fus son consolateur et son médecin, et j'ai la conviction que le souvenir de nos relations, ajouté à ces considérations d'intérêt général, serait auprès de lui d'un grand poids en faveur de l'œuvre projetée par M. Paul Soleillet.

M. Henri Duveyrier et moi le recommanderions au Cheikh Othman. Voilà donc une entreprise qui se présente accompagnée de circonstances très-propices. Cela ne suffit pas toutefois pour assurer son succès, il y a encore d'autres conditions à réaliser, et c'est ici que je crois devoir faire appel à votre zèle éclairé et aux lumières dévouées de la Chambre de commerce d'Alger.

Dans mon opinion, il est utile, essentiel, que la Chambre de commerce d'Alger, principale intéressée à la réussite de l'affaire, déclare prendre sous son patronnage l'entreprise commerciale que M. Paul Soleillet commencera en conduisant, au mois de septembre prochain, une caravane à In-Çalah.

Il faut qu'elle s'adresse aux Chambres de commerce de Paris, Lyon, Marseille, Reims, Rouen, Nîmes, Roubaix et autres, pour en obtenir la fourniture gratuite à M. Paul Soleillet, des échantillons de choix, en pièces, de tous les articles que le commerce national peut, avec des prix rémunérateurs, mais non exagérés, offrir en concurrence des produits anglais sortant des entrepôts de Malte et Gibraltar.

Il faut qu'en indiquant à ces Chambres de commerce la nature et les qualités desdits échantillons, elle leur fasse connaître quel important débouché le Sahara et l'Afrique centrale peuvent offrir à leurs produits, et que le commerce européen peut à son tour en tirer.

Pour moi, je n'estime pas à moins de cent millions annuellement, avec le concours du temps, le chiffre des affaires, importations et exportations, que le débouché du continent africain peut offrir à notre commerce, pourvu qu'aucun imprévu ne vienne contrecarrer nos espérances.

Enfin il me semble que le commerce d'Alger doit, moralement du moins, répondre du succès matériel de la première tentative.

Si la Chambre de commerce que vous présidez peut, dans cette mesure, me faire la promesse de son concours, je prends de mon côté vis-à-vis d'elle l'engagement d'employer tous mes efforts auprès du gouvernement central et des Chambres de commerce métropolitaines, à l'effet d'obtenir les appuis de toute sorte qu'elle jugerait désirables.

Veuillez agréer, Monsieur le Président, et pour votre personne et pour celle de vos collaborateurs, l'assurance de ma considération la plus distinguée.

A. WARNIER.
Député du département d'Alger.

PIÈCE JUSTIFICATIVE
B

Chambre de Commerce d'Alger.

SAHARA ET SOUDAN. — IMPORTATIONS ET EXPORTATIONS. — EXPLORATIONS PRÉALABLES.

PREMIÈRE EXPLORATION
COMMERCIALE ET SCIENTIFIQUE

FAITE

PAR M. PAUL SOLEILLET

Du 29 Décembre 1873 au 2 Juin 1874

RAPPORT

Adopté par la Chambre, les 15 et 22 juillet 1874 ; transmis à M. le Gouverneur civil de l'Algérie, le 25 dudit mois.

Vers le milieu d'avril 1873, le docteur Warnier, notre député à l'Assemblée nationale, recommandait à la Chambre de Commerce d'Alger l'entreprise que M. Paul Soleillet poursuivait, disait-il, avec une ténacité persévérante, en vue de doter l'Algérie d'une extension considérable de son commerce, au moyen de relations bien établies avec le Sahara, d'abord, et l'Afrique centrale ensuite.

« Son dessein était de se rendre à In-Çalah, principal
« marché du Sahara, au mois de septembre suivant, au mo-

« ment où y arrivent des caravanes du Maroc, de Tunis et
« de la Tripolitaine et de présenter à la *djemáa* de la loca-
« lité, qui constitue pour ces populations une véritable
« Chambre de Commerce, des échantillons de tous les pro-
« duits que la France peut offrir aux commerçants saha-
« riens et soudaniens, en concurrence de ceux de l'Angle-
« terre. »

M. Warnier n'estimait pas à moins de 100 millions, annuellement, les importations et exportations que nous re-
tirerions, avec le temps, du débouché africain, pourvu
qu'aucun imprévu ne vienne contrecarrer ses espérances.

Indépendamment de son action personnelle la plus sympathique et la plus dévouée, il assurait que l'exploration
aurait l'aide des personnages suivants :

Moulay Ali, marabout à Laghouat, homme sérieux et héritier du prestige de son grand'père, El Hadj Aïssa, le
même qui, parmi les Arabes, est réputé avoir prédit notre
conquête.

Sidi Eddin, des oulad Sidi Cheikh, ayant plus que personne intérêt à ce que la paix et l'ordre règnent dans le
Sahara, situation que lui garantirait l'établissement et la
permanence d'opérations commerciales.

Sliman ben Messaoud, caïd de Metlili, dont l'autorité sur
ses administrés ne saurait s'exercer que dans ces mêmes
conditions, et qui mettait à la disposition de M. Soleillet,
son frère Mohamed et deux autres membres de sa famille,
pour l'accompagner à In-Çalah, lui garantissant toute sécurité sur sa propre tête.

Enfin Cheikh Ohtman, le plus grand marabout du Sahara,
co-signataire du traité conclu en 1860, sous le gouvernement du duc de Malakoff, avec les Touareg.

Le 10 mai, la Chambre avisait l'estimable docteur qu'elle
réclamait le concours des chambres consulaires, métropolitaines et algériennes, pour la conduite de cette entreprise
nationale, dont le succès ramènerait, vers notre colonie
l'ancien courant du négoce, qui durait encore à la fin de la
domination turque.

Peu après, M. Soleillet était admis à nous exposer son
projet dans une séance spéciale, à la suite laquelle (16 mai)

il était demandé des renseignements aux consulats de France à Mogador, à Tripoli et à Tunis, sur la valeur des transactions habituelles entre ces États et les régions à explorer.

A cette même époque, la Chambre ayant appris la présence, à Constantine, de quatre négociants d'In-Çalah, les engagea à venir à Alger, à l'effet de s'entendre sur la création de magasins entrepôts que M. Soleillet voulait installer à Laghouat, pour y centraliser les affaires entre leur pays et les producteurs européens.

Ils acceptèrent d'entrer en relations suivies ; mais le stationnement leur paraissait mal choisi, à cause de la longueur de la route et des craintes qu'elle leur faisait concevoir. Ils préféraient se rendre à Ouargla, sauf à celui d'entre eux qui désirerait aller vendre des marchandises à Laghouat ou dans toute autre ville des possessions françaises, à s'y acheminer avec la permission des autorités.

Sur interrogation posée, ils disaient :

« Nos produits sont des dents d'éléphants, de la poudre
« d'or, des plumes d'autruche, du salpêtre, des esclaves et
« du henné. »

« Nous vous achèterons des pelles, scies, pioches, gamel-
« les en métal, petits miroirs, de la cotonnade et du drap. »
(Réponse datée de Biskra, 18 mai, signée : les mandataires des négociants d'In-Çalah).

La Chambre, désirant être édifiée sur l'identité des auteurs de la lettre, était informée par l'entremise obligeante de M. le vice-amiral de Gueydon, alors gouverneur général civil, que lesdits In-Çaliens étaient au nombre de deux :

« Sidi Mohamed ben Kouider et Bouhaba ben Cheikh ;
« le premier était le plus important et le négociateur offi-
« ciel. »

A l'invitation de plusieurs négociants, la Chambre autorise, pour le 26 juin, une conférence sollicitée par M. Soleillet, qui y développe son projet tendant à attirer à Laghouat le transit africain presque exclusivement dirigé sur le Maroc et Tripoli.

Notre consul, à Tunis, avait répondu le 31 mai, que ce commerce n'y existait plus. Il y était alimenté autrefois par des caravanes de Ghadames. Les esclaves en étaient le principal mobile, auquel s'adjoignaient l'ivoire, la poudre d'or, les plumes d'autruche, etc... La contre-partie se faisait en cotonnades, armes, poudre à fusil, verroterie et autres articles d'Europe.

M. Ph. Delaporte, consul de France à Tripoli, avait démontré l'avantage qu'aurait l'Algérie à reprendre le mouvement commercial dont il est plus haut parlé et qui se chiffrait, pour sa résidence, en 13 millions environ, des principaux produits importés pendant les années précédentes, savoir :

Poudre.	619,000 francs.
Ivoire.	6,018,000
Plumes d'autruche	5,752,500
Cire.	130,000
Divers	280,000
Total exact	12,799,500 francs.

Les exportations s'étaient élevées, pendant la même période, à 4 millions et demi de francs en verroterie, calicots, draps et articles divers.

Le consul concluait, avec raison, que ces chiffres ne sont pas indifférents, et que, si les routes avaient plus de sécurité, ils atteindraient à des proportions considérables. Il voyait donc un intérêt majeur pour l'Algérie à porter son attention sur le Sahara et le Soudan.

Communication faite des documents dont l'énoncé précède et des lettres approbatives déjà reçues de la plupart des chambres de commerce consultées, M. Soleillet exposa le plan et l'objectif de son exploration.

Pour en faciliter l'intelligence, il avait été distribué aux auditeurs une carte des lieux à parcourir et la notice des choses commerçables entre le nord et le centre de l'Afrique, extraite de l'ouvrage publié à la suite de la mission du commandant Mircher, à Ghadames.

Nous reproduisons intégralement le tableau indicatif des importations :

Poudre d'or,	Civette,
Ivoire,	Étain,
Gomme blanche,	Natron,
Beckhour,	Saye,
Noix de Gourou,	Cotonnades,
Cire,	Nattes,
Peaux tannées,	Sumak,
Dépouilles de lions,	Henné,
id. de tigres,	Indigo,
id. d'autruches.	Salpêtre.

M. Soleillet remarquait que ce n'était que pour le salpêtre et l'indigo, qu'avait été fondée, en 1600, la Compagnie anglaise des Indes. Il affirmait, en s'appuyant sur des analyses faites à Alger et à Marseille, que ces deux produits sont de qualité supérieure et d'un excellent emploi dans l'industrie.

Il n'y a pas à relever la nomenclature des exportations. C'est la même que celle des articles dont nous commerçons avec les Arabes algériens.

Nous ne nous arrêtons pas non plus aux détails géographiques de l'entreprise.

Disons seulement que, partant d'Alger l'expédition avait son point de ralliement à Laghouat, où s'organiserait le transport par mulets et chameaux, selon les nécessités locales. On devait, de là, traversant le Mzab et le pays des Chambaa, pénétrer dans le Tildikelt, dont l'oasis principal, In-Çalah, était la destination finale envisagée pour cette première excursion.

In-Çalah paraît être, en effet, l'intermédiaire par où transite le commerce africain vers le nord. Une faible portion se détache sur notre frontière. La plus grande partie se porte à l'Est et à l'Ouest, à l'avantage presque exclusif des entrepôts anglais de Malte et de Gibraltar.

Le Tildikelt est au centre d'un losange irrégulier que formeraient Alger au nord, Mogador à l'ouest, Tombouctou au sud et Tripoli à l'est. In-Çalah y est à une distance à peu près égale de chacun des angles, avec cette différence en notre faveur qu'elle n'est qu'à 400 kilomètres de l'Algérie, où les routes sont exemptes de dangers pour les personnes et les marchandises; mais les chemins carrossables ne commencent qu'en deçà de Laghouat.

Ces explications données, on décida de créer une association qui, ayant M. Soleillet pour directeur, serait dénommée sous le titre de : *Société d'encouragement pour l'exploration commerciale du Sahara central*, au capital de 30,000 fr. reconnu indispensable et suffisant, de prime abord, pour organiser trois voyages successifs et annuels. Le premier devait avoir lieu en septembre 1873, comme il est dit dans l'introduction de l'affaire par M. Warnier.

Diverses circonstances ne permirent pas à la Société projetée de se constituer.

M. Soleillet ayant persisté dans ses intentions, il fut ouvert une souscription qui a suffi, à peu près, aux quatre cinquièmes des frais de l'exploration. La Chambre a pris à sa charge une part de cet excédant, par suite de la continuité de son appui à M. Soleillet, qui a supporté le surplus.

Parti d'Alger le 29 Décembre 1873, M. Soleillet y est revenu le 2 Juin 1874.

Le 10 avait lieu une réunion générale de souscripteurs en laquelle M. Henri, président de la Chambre de Commerce, prit le premier parole et, remémorant les antécédents de l'expédition, constata ensuite l'insuccès des démarches faites auprès des Chambres de Commerce des centres métropolitains qui, étant le plus en rapport avec les départements africains, seraient appelés par ce motif à bénéficier, les premiers, de la réussite qu'on espérait.

Ces préliminaires résumés, M. le Président continuait ainsi :

« Seule la Chambre de Commerce de Rouen ne se borna
« pas à des paroles approbatives pour cette œuvre d'intérêt
« véritablement national.

« Par l'envoi d'un échantillonnage important, elle contri-
« bua en effet, à la composition de notre pacotille, valant en
« totalité 4,000 fr. en productions variées des manufactures

« européennes, et destinées, pour la plupart, à des cadeaux
« qu'il est d'usage de distribuer en de pareilles occasions.

« Non compris la subvention du Conseil général à régu-
« lariser, et dont la Chambre a fait l'avance en ces derniers
« temps, les adhésions financières avaient donné 9,300 fr.

« Certes, avec d'aussi faibles ressources, il n'était pas pos-
« sible de s'attendre à une réussite complète et très-profi-
« table.

« En outre de l'insuffisance plus que relative de ces
« moyens d'action, l'explorateur a rencontré des obstacles
« dont le caractère réel reste à déterminer.

« Ces contrariétés multiples qu'il ne convient pas de pré-
« ciser en ce moment lui ont suscité des périls sérieux, qu'on
« doit le féliciter d'avoir résolûment affrontés et surmontés
« tout à la fois.

« Il a su éviter, par là, des complications fâcheuses, qui,
« en frappant sa personne, eussent compromis l'avenir d'un
« projet longuement médité, auquel il tenait autant qu'à sa
« propre existence et dont les études réitérées ont absorbé
« sa fortune personnelle.

« Nonobstant ces difficultés, et ne perdant pas de vue la
« mission toute commerciale qui lui était échue, il a pu en-
« gager quelques échanges, dont la contre-valeur sera
« remise plus tard. Il a obtenu aussi des ordres d'achats sur
« les échantillons qu'il avait emportés.

« En conformité des prévisions recueillies, les premiers
« pas de M. Soleillet, sur le parcours à explorer, laissaient
« penser que sa marche serait facile et s'accomplirait sans
« empêchements.

« Mais il ne tarda pas à trouver des dispositions contrai-
« res, et, enfin, il se vit refuser l'entrée d'In-Çalah, où,
« d'abord, il avait dû croire qu'il serait bien reçu.

« Force lui fut donc, à son grand regret, de s'arrêter de-
« vant cette ville (1).

(1) In-Çalah n'est point une ville mais le nom générique donné à un oasis qui contient cinq villes. Je n'ai pu pénétrer que dans une, le queçar de Milianah. De même en Algérie on donne le nom de Mzab à un oasis contenant plusieurs villes ; Figuig etc., etc. se trouvent dans le même cas.

P. S.

« Je ne puis, Messieurs, vous donner sur ce point des dé-
« tails explicatifs. L'énonciation même ne saurait en être
« définie sans l'examen approfondi de renseignements qui
« ne nous sont pas encore tous parvenus.

« Toutefois, nous pouvons affirmer que la défiance avait
« été semée au devant de notre voyageur, à l'encontre de la
« France et de l'Algérie.

« On était allé jusqu'à soutenir que les tribulations de
« toute sorte et l'insécurité seraient le lot des sahariens assez
« mal avisés pour se hasarder chez nous.

« Il ne faut pas s'étonner si un instant le vide s'est fait en
« quelque sorte à l'entour de M. Soleillet. Cependant, en
« persévérant dans sa résolution d'aboutir à un résultat
« appréciable, il a pu, non sans peine, inspirer assez de
« confiance aux personnes qu'il vous présente et qui ont
« consenti à le suivre.

« Celles-ci peuvent, aujourd'hui, estimer à leur juste va-
« leur les fausses imputations dont nous avons été l'objet
« dans leur pays.

« En y retournant, ils pourront attester combien ils avaient
« été trompés. Ils diront quels sont la puissance de notre
« nation et son désir de vivre et trafiquer, en bonne intelli-
« gence, avec tous ses voisins, sous l'égide tutélaire d'un
« commerce suivi et productif pour chaque contractant.

« L'accueil qui leur a été fait durant le cours du voyage,
« par les ordres de M. le Gouverneur général, les avait
« déjà convaincus de cette vérité, qu'il leur a hautement
« confirmée de sa parole loyale et autorisée.

« Pendant la semaine écoulée depuis leur arrivée, nous
« les avons présentés aux diverses autorités. Ils ont visité
« successivement les établissements officiels et privés, ainsi
« que les spectacles publics.

« Après avoir reçu ainsi les honneurs de la cité, ils se
« voient fixer le jour des affaires par cette assemblée, à la
« suite de laquelle ils seront mis en rapport avec ceux de
« nos commerçants qui voudront traiter pour des opérations
« immédiates ou à effets différés.

« Ici, Messieurs, c'est à l'initiative de chacun de vous à se
« mettre en mouvement, selon sa spécialité.

« La Chambre sait que la plus stricte droiture sera appor-
« tée par tous à cette préalable entente.

« Ainsi s'établiront à nouveau, avec le Sahara et la Sou-
« danie, d'heureuses et durables opérations.

« Puis il restera à examiner la suite que comporte la
« tentative de M. Soleillet, et s'il devra y être pourvu par un
« autre accord collectif ou par des actes individuels.

« Finalement, le fait important que je me plais à constater,
« comme nous l'a dit en pleine justesse. M. Soleillet, c'est que
« le voile est déchiré et que nous pourrons enfin nous for-
« mer un jugement sur ces contrées toujours mystérieuses.

« Donc pour réaliser le but recherché depuis si longtemps
« il n'y a plus qu'à vouloir.

« Vous voudrez Messieurs !

« Vous voudrez qu'un commerce important entre l'Afri-
« que et l'Europe ne se fasse plus sur nos frontières à notre
« détriment.

« Vous ne voudrez pas qu'en se perpétuant de la sorte, il
« porte atteinte à notre considération et à la dignité de la
« mère-patrie non moins qu'à son intérêt matériel.

« Je borne là l'exposé rapide que j'avais à résumer de
« l'œuvre poursuivie par M. Soleillet, à l'aide de votre appui
« patriotique et empressé.

« Je lui exprime ici, la satisfaction de la Chambre de
« Commerce pour le résultat obtenu et dont l'honneur lui
« appartient en entier.

« Mais avant de lui céder la parole, je vous propose, Mes-
« sieurs, de vous joindre à cette expression des sentiments
« de vos élus, en lui votant des remerciements et un vif té-
« moignage de sympathie, à l'égard de sa courageuse et
« opportune persévérance.

« Le profit en reviendra au commerce algérien et à celui
« de la métropole.

Des applaudissements approbateurs et prolongés, sanc-
tionnant la déclaration publique de la Chambre, reconnurent les services que M. Soleillet venait de rendre au commerce national, en retrouvant la voie des anciennes relations
de l'Algérie sur l'intérieur africain.

L'explorateur remercia l'assistance de cette marque d'estime dont il était touché.

Puis, sans entrer dans le récit circonstancié de son voyage, qu'il réservait pour une conférence annoncée à la Société des Beaux-Arts, il s'attacha à en discuter les aspects pratiques, au regard des produits à importer et à exporter.

Allant au-devant d'une observation qui a été faite depuis, sur l'absence des touareg parmi les gens qui l'accompagnaient, il dissipa l'opinion erronée qui en pourrait ressortir, en insistant sur ce que les touareg n'étaient pas des commerçants, mais tout simplement des protecteurs pour les caravanes qu'ils escortaient ; tandis que les gens du Touat qui étaient venus avec lui étaient, au contraire, de véritables négociants, ce qui importait bien davantage pour l'opération qu'il s'était agi de réaliser.

Postérieurement, M. Soleillet, en colloboration avec M. Paul Mollat, ex-rédacteur en chef de l'Akhbar, a présenté à la Chambre, en trois séances consécutives des 17, 22 et 24 Juin, une narration remarquablement écrite, reproduisant, par étape, les phases diverses de son voyage et en a terminé le dépôt effectif le 9 Juillet courant.

Sans doute, ainsi qu'il en avait manifesté le désir, il en aura adressé copie intégrale à M. le Gouverneur Général (1).

Vu son étendue et les détails nombreux, quoique bons à méditer, qu'elle contient, nous ne pouvons en citer que la péroraison. L'ensemble se trouve compris en ce qui précède et va suivre du présent mémoire :

« Ce qu'il reste à faire encore, tout en étant considérable,
« n'offrira pas les difficultés rencontrées dans un premier
« voyage. Grâce à l'exploration faite par moi, la route est
« jalonnée de Laghouat à In-Çalah ; elle peut se faire en
« toute sécurité jusqu'à El-Goléa, sous la protection de l'au-
« torité française.

« D'El-Goléa à In-Çalah, la route peut se faire aussi avec
« sécurité en se plaçant sous le patronnage d'Ahmed ben
« Ahmed des Chaamba de Metlili, qui jouit dans toute cette
« partie du Sahara Central, d'une influence qui ne peut se

(1) Envoyée le 20 Juilllet 1874.   P. S.

« comparer qu'à celle du Cheilh Ikenouken, chez les Touareg.

« Les difficultés matérielles de la route sont peu impor-
« tantes; que l'on se dirige vers le Tildikelt, ou vers le Gou-
« rara, on trouve presque chaque jour le long de la route des
« puits qui mettent à l'abri des manques d'eau Par la route
« que j'ai suivie, la traversée de la région des Dunes (El-
« Erg) se réduit à quelques heures, tandis que sur les autres
« routes, elle exige plusieurs journées de marche.

« Les quinze jours, mis par une caravane pour franchir la
« distance qui sépare El-Goléa d'In-Çalah, ne doivent donc
« pas effrayer.

« En se munissant des lettres, dont j'ai parlé au cours de
« ce rapport (lettre du sultan du Maroc, lettre du chérif de
« Ouezzan, cette dernière étant aujourd'hui entre mes
« mains), aucune cause ne pourrait s'opposer à une réception
« immédiate dans les villes de Tildikelt et du Gourara. Les
« relations que j'ai eues avec les gens venant de ces pays,
« celles que j'ai avec ceux qui m'ont accompagné, sont pour
« moi la preuve irréfutable de l'accueil favorable que nos né-
« gociants trouveraient dans ces contrées, où nos produits
« sont très-appréciés.

« Il y a dans ces contrées les éléments d'un commerce im-
« portant pour notre colonie, qui trouverait à In-Çalah
« les plumes, l'indigo, la gomme, l'alun, l'ivoire, la poudre
« d'or (1), le salpêtre, qui pourraient être achetés à des prix
« très-avantageux ; il y a encore des peaux de qualité supé-
« rieure qui ont été très-appréciées ; il y a également des
« roses qui, le jour où elles seront traitées avec soin à la
« récolte, acquerront une valeur considérable.

« Ces contrées offrent donc à notre commerce un aliment
« facile et qui est à nos portes ; nous ne devons pas le perdre
« de vue, et il faut, surtout maintenant que la route est ja-
« lonnée, que la voie est tracée, qu'à son extrémité, l'hono-
« rable M. Henry, votre président, l'a constaté dans son dis-
« cours, à la réunion du 10 Juin, il y a des éléments sérieux
« pour les affaires ; il ne faut pas laisser se refermer et se

---

(1) D'après M. Henri Duveyrier, il passe annuellemems à In-Çalah pour 3,265,100 francs d'or au cours de Paris.

« combler sans utilité pratique cette voie si difficilement
« ouverte.

« Il faut pour cela faire ce que proposait le colonel Mir-
« cher au lendemain de son retour de Ghadamès, en 1862:
« composer une caravane d'essai, qui irait porter, au Gourara
« et au Tildikelt, nos produits ou nos échantillons (1).

« Elle serait organisée par la Chambre de Commerce d'Al-
« ger, qui en fixerait la composition et en discuterait le rè-
« glement et la discipline. Tous les membres du commerce
« algérien, qui voudraient aller traiter eux-mêmes des affai-
« res dans ces contrées, seraient appelés à en faire partie, et
« je m'offre, si la Chambre de Commerce veut bien me conti-
« nuer la confiance dont elle m'a honoré, à conduire cette
« caravane à In-Çalah, Timimoun, et à la ramener par le
« Tafilalet, Ouezzan et Tlemcen.

« C'est là, je crois, le vrai moyen pratique de rendre pro-
« fitable, pour l'avenir, les dépenses faites et les dangers
« courus pour tracer cette route nouvelle et démontrer
« qu'elle est facilement praticable aux caravanes.

« Il est essentiel surtout que cette opération ait un carac-
« tère exclusivement commercial ou scientifique; on ne
« saura jamais trop faire pour effacer cette terreur inspirée
« volontairement et si habilement exploitée, qui nous re-
« présente toujours à ces populations comme cherchant à
« étendre notre conquête et à agrandir nos territoires dans
« le Sud et à leurs dépens.

« C'est à cette terreur et à la méfiance inspirée contre nous
« qu'il faut attribuer l'éloignement de ces populations pour
« une nation comme la nôtre, qui, placée à leurs portes, est
« restée jusqu'à ce jour sans aucune relation avec elles.

« Ce n'est qu'à notre contact que ces craintes s'effaceront;
« et, puisque le premier pas est fait, puisque plusieurs
« d'entre eux sont venus à nous et ont pu juger et apprécier
« notre civilisation et nos mœurs, c'est à nous à aller au-
« jourd'hui chez eux leur offrir ces relations, qui devraient

---

(1) M. Largeau, organise actuellement une caravane d'essai sur Ghadamès.
Voyez le journal l'*Explorateur* du 29 Juillet 1875.   P. 8.

« exister depuis longtemps et qui seront avantageuses aux
« deux pays.
  « Alger, le 9 juillet 1874.
                                   « Paul Soleillet. »

Nous reviendrons plus loin sur ces appréciations, en déduisant les conséquences qui doivent en découler.

M. Soleillet a convoyé à Alger onze personnes, dont quatre commerçants, savoir :

Ahmed ben N'tagar, frère de Kouïder, caïd des oulad Hallouch, de Metlili.

Mamar, fils d'Ahmed ben Ahmed, qui accompagna l'explorateur à In-Çalah.

Mohamed ben Youssef Bafou (mzabite), secrétaire arabe, et son fils.

Mohamed ben Larouï, de Laghouat, interprète.

Un domestique arabe et un nègre de Haoussa.

Les quatre négociants étaient :

1º Sidi Abdelkader ben Cheikh, marabout de la Zaouïa El-Kadra, de Foggara.

2º Abdelkader ben Djellali, neveu du précédent, apportant, conjointement avec son oncle, douze dépouilles de plumes d'autruche et des échantillons de salpêtre, alun et roses sèches.

3º Sidi Mouley Taieb ben Mohamed, chérif de Metlili, ayant des établissements de commerce à In-Çalah et à Timimoun. Il avait des plumes d'autruche en paquets.

4º Hadj Mohamed ben Abdelkader ben Regab, natif de Goléa. Il y est établi, ainsi qu'au Grout et à In-Çalah. Il était muni d'échantillons de pelleteries brutes et travaillées. C'est à lui qu'appartenaient deux dents d'éléphant précédemment envoyées par M. Soleillet, et dont l'une a été adressée à la Chambre de commerce de Paris pour en connaître le cours en cette ville, ainsi que celui des articles ci-après dénommés.

Ce prix a été indiqué télégraphiquement comme suit :

Ivoire, 10 francs le kilogramme en matière pleine ;

Salpêtre, brut, 60 francs les 100 kilog. ; raffiné, 70 fr.

Alun, en barrique, 21 fr. 50 le quintal métrique.

Les types transmis pour les roses ont été insuffisants pour en trouver l'estimation.

On nous fixait encore sur la cote des plumes d'autruche, qui était, à la date du 11 juin :

    Blanches assorties, 900 à 1.200 francs le cent.
    Noires,   100 à 200   —   le kilo.
    Grises,   50 à 60   —   —
    — grandes,   125 à 150   —   —

Les plumes des gens de Foggara n'étaient pas de premier choix. Ils en ont obtenu en tout, après maints pourparlers, 2,750 francs, sur une demande primitive de 3,800 francs, chiffre qui aurait pu être dépassé si la marchandise avait été plus fraîche.

En son état naturel, le salpêtre n'a pas trouvé d'acheteurs sur notre place, non plus que l'alun, qui ne s'y emploie qu'après avoir été raffiné. Le coût seul du double transport, pour cette transformation, en absorberait la valeur, notamment par le droit de douane, qui est de 12 francs les 100 kilos.

Le salpêtre paie, à l'entrée en France, 3 francs. Il vaut au Mzab 45 francs le quintal métrique. L'alun s'y vend, au détail, de 20 à 30 centimes le kilo, sans doute pour un usage particulier qui n'a pu nous être spécifié.

On pourrait aussi l'utiliser dans le cas où, l'extraction de l'alfa sur les hauts plateaux étant favorisée par des voies ferrées, des usines y seraient établies pour les préparations de cette graminée et, par suite, à destination de toutes autres entreprises industrielles.

En vue de cette éventualité, la Chambre a expédié, à Marseille, le salpêtre et l'alun susdits (ensemble 150 kil.), pour y être examinés en regard de leur emploi dans les industries françaises.

Il n'a pu être traité non plus aucune affaire à livrer pour l'ivoire, dont les spécimens, quoique du reste défectueux, ont été estimés ici au même prix qu'à Paris. On aurait trouvé preneurs d'une partie quelconque qui aurait pu être vérifiée pour en prendre livraison.

Même résultat sur la pelleterie brute, qui n'était pas en bon état de conservation.

La Chambre s'est appliquée ces divers articles pour des sommes au-dessus de leur évaluation réelle.

Quant aux roses que nos voyageurs voulaient vendre d'abord 8 francs et puis 4 francs le kilogramme, il a été impossible d'en trouver acquéreur à aucun prix, à cause du mélange qu'on y apercevait en détritus et poussière. En outre, le bois avait été laissé aux boutons, dont la nuance était très-pâle, tandis qu'on ne reçoit dans la distillerie que des feuilles très-montées en couleur rouge vif, en exemple de la provenance de Provins qui, étant la plus usuellement recherchée, obtient placement facile de 5 à 8 francs le kilo, suivant qualité.

Cependant, la bonne odeur que ces roses exhalaient a donné à penser que leur production en essence pouvait être indépendante de leur apparence matérielle. Il a donc été procédé à la distillation du quart de la quantité totale, préalablement soumise au tamisage, par lequel a été constatée la présence de plus de 50 pour 100 de corps inutilisables. De la sorte, sur 45 kilos de poids brut, et défalcation faite de l'emballage, il n'y avait pas en réalité plus de 19 à 20 kilos de feuilles. La manipulation partielle s'est réduite à une complète nullité.

Par suite, nous n'avions pas à recevoir ni à payer, comme marchandise, ce qui n'avait aucune valeur marchande.

Néanmoins, pour la portion distillée, il a été tenu compte du double de l'achat déclaré à 1 fr. 60 le rétal (1 kil. 500). Le reste a été refusé, malgré l'insistance réitérée des foggariens.

Leur céder eût été un précédent fâcheux, bien qu'il se soit agi de fort peu de chose.

Mais ces messieurs étaient d'une exigence telle qu'il etait utile de ne pas s'y soumettre, en toute occurence, alors que depuis leur entrée sur le territoire colonial, y compris un mois de séjour à Alger, ils avaient été hébergés gratuitement en nourriture, logement et locomotion.

De ce dernier chef, ils ont économisé des sommes considérables qui, pour le seul trajet d'Alger à Laghouat, se montent à près de 3,000 francs, M. le gouverneur général les en ayant gracieusement exonérés, en nous accordant des voitures du train, comme il l'avait fait pour leur venue sur le littoral.

Nous n'avons pas à regretter les conditions exceptionnelles dans lesquelles ces Sahariens ont été amenés à Alger, puisque, dans l'état des choses, elles ont été jugées indispensables pour les décider à venir.

Car, bien que l'origine en soit à expliquer, il est hors de doute que des obstacles ont été suscités pour faire échouer la tentative de M. Soleillet dans le Sahara.

Ce qui est certain, c'est que les djemâa d'In-Çalah et de Timimoun, prétextant les ordres de l'empereur du Maroc, leur maître et seigneur, ont refusé même avec menaces de recevoir l'explorateur.

Le fait de l'action de Sa Majesté chérifienne sur les oasis du Touat paraît avoir une consistance positive. Il est confirmé par la déclaration de la djemâa des Khenafsa, disant à M. Soleillet :

« Nous sommes sous l'autorité du sultan Sidi Mouley
« Hassan. Quoiqu'il en soit, vous pouvez venir en toute sé-
« curité chez nous. Vous et vos marchandises serez à l'abri
« de tout danger.

« Nos marchandises se composent de henné, poudre (d'or),
« couteaux, colliers en cuirs teints. Elles sont à votre dispo-
« sition. Donnez-nous l'autorisation de nous rendre chez
« vous et de circuler sur tout votre territoire, afin d'y débi-
« ter nos produits. »

D'une lettre adressée à la Chambre de commerce d'Alger, le 14 mars 1874, par le Cheikh ben El Hadj Moussa, de Foggara, nous extrayons ce passage significatif :

« Nous ne demandons pas mieux que d'acheter vos produits
« et de vous vendre ceux d'In-Çalah. Mais les gens du Mzab
« nous ont avertis que si nous mettions le pied sur le terri-
« toire des Français, nos marchandises nous seraient enle-
« vées, que plainte serait adressée contre nous à Alger, et
« que nous serions obligés de payer l'impôt entre les mains
« du caïd de Metlili. Si nous n'étions pas retenus par

« cette crainte, nous nous rendrions certainement à La-
« ghouat pour y échanger nos produits contre les vôtres (1). »

Sans préjudice de la vérité que l'administration seule pourra trouver, à l'égard des auteurs de certaines correspondances dont la Chambre a eu connaissance indirecte, et qui auraient été hostiles à l'exploration commencée, on ne peut que s'arrêter sérieusement à l'idée que les mzabites ont pu la considérer comme contraire à leurs intérêts et auraient cherché à l'entraver.

Le Mzab, étant en affaires suivies avec le Sahara et le Soudan, peut appréhender la ruine commerciale de sa confédération, si l'Algérie entre en relations directes avec les Touatia.

C'est la crainte qu'exprimait récemment à Alger un négociant mzabite, disant dans une maison israélite où les foggariens faisaient des achats :

« Vous avez tort de lier des affaires avec ces gens-là, car
« si vous leur vendez, nous ne pourrons plus rien faire
« avec eux. »

Quoiqu'il en soit de ces appréhensions, qu'il ne pourrait nous convenir d'atténuer, on doit reconnaître aussi que le Mzab, par la minime importance de ses habitants, ne peut détourner, comme nous l'avons dit plus haut, qu'une infime partie du commerce soudanien. Dès lors, au lieu de s'ingénier à nous en barrer l'accès, il agirait plus sagement en nous le facilitant. Il augmenterait par là sa propre influence et pourrait devenir le centre de transactions multiples, abondantes et fructueuses, dans le changement de direction des caravanes qui vont de l'est à l'ouest de notre territoire.

C'est là un principe économique que comprendront aisément les Mzabites, qui ont, dit-on, l'intelligence innée du négoce. Il n'y aurait donc qu'à leur en faire apprécier les progressions inévitables au contact de notre civilisation.

---

(1) En 1864, à la suite de l'insurrection des oulad Sidi Cheikh, il fut interdit par le gouvernement français aux gens du Mzab de laisser pénétrer sur leur territoire des caravanes de l'intérieur ; cette interdiction n'a pas encore été officiellement levée.   P. S.

En d'autres termes :

Au lieu de les laisser se poser en adversaires, il faut les appeler à notre aide comme auxiliaires, à la suite de la grande idée dont la réalisation, ainsi que l'a dit M. le Président de la Chambre, importe à notre considération et à la dignité de la Métropole.

Les gens de la caravane sont repartis d'Alger, du 4 au 10 juillet, en trois fractions inégales.

Le gros du convoi se composait d'une voiture d'ambulance pour les personnes et de prolonges contenant 71 quintaux de marchandises diverses, d'une valeur totale d'environ 11,000 francs. En voici les principaux articles :

Sucre, café, poivre, savons, bougies, drogueries diverses, graisse comestible, safran, allumettes.

Calicots (écrus et blanchis, unis et croisés), mouchoirs imprimés, foulards, ceintures genre arabe, fouta gandouras, burnous, chechias ; haïks en coton, en laine et en tissus mélangés de soie.

Armes et plombs de chasse, perles communes de Venise, laiton (en fil et en planche), cuivre, acier, étain, pelles aratoires, quincaillerie commune, chaudronnerie, rasoirs ordinaires. Mercerie inférieure, aiguilles à coudre et à laine ; papier à écrire.

Les neuf dixièmes de ces achats ont été traités au comptant.

Un dixième a été réglé en billets garantis sur place à 60 et 90 jours.

Les emplettes auraient été plus étendues si nos voyageurs, étant venus moins à l'improviste, avaient pu, à défaut d'autres fonds, fournir des références recevables.

En des entretiens réitérés qu'ils ont eus au secrétariat de la Chambre, ils ont compris la justesse de la retenue que leur opposaient des commerçants qui ne les connaissaient pas. Ils se sont promis d'agir de manière à être mieux et plus amplement accueillis, sous ce rapport, à leur deuxième visite.

Ils se sont rendu compte aussi du genre de marchandises qu'ils peuvent vendre en Algérie, à la condition de n'y en apporter que de fraîches et de bon aloi, tant originaires du Touat que du Soudan.

C'est ainsi, qu'en outre de l'ivoire, des plumes d'autruche, de la pelleterie brute ou travaillée, dont ils ont pu reconnaître l'écoulement en bonnes qualités, ils ont pris note de se munir une autre fois en poudre d'or, henné, gomme et indigo. A l'égard de ces trois produits, ils ont affirmé qu'il s'en fait un grand commerce dans le Sahara. Il leur est recommandé de choisir des sortes pures et non chargées de mélanges.

Quel qu'en puisse être l'emploi au Mzab, ils ont reconnu que leur alun n'est pas acceptable dans notre région.

Pour le salpêtre, ils ont été prévenus d'en attendre les commandes, selon l'application qu'aura reçue, en France, la partie acquise par la Chambre.

Relativement aux roses, le chimiste qui les a analysées pense qu'on a dû les faire sécher au soleil, mode par lequel en est disparue la propriété essentielle. Il ne serait pas éloigné de croire qu'il y avait été ajouté une odeur factice, en les imprégnant de forte essence dont l'action sur l'odorat peut se faire sentir très-longtemps.

Nonobstant l'affectation qui en serait usitée à Tunis, dans la Tripolitaine et au Mzab, au dire des deux Abdelkader, il leur a été conseillé de s'abstenir d'en apporter d'autres, à moins d'avoir la pleine certitude d'un bon rendement.

En tout cas, ils ne devront pas les mettre en masse en de grands treillis, mais les emballer par petits sacs, afin d'éviter les brisures trouvées sur leur premier apportage.

En résumé, et malgré cet incident des roses qui les avait désagréablement émus, nos sahariens sont partis fort satisfaits.

Ils ont promis de rapporter chez eux combien ils avaient été libres pour toutes choses en Algérie. Ils combattront le préjugé qui y existe encore à ce sujet.

Ils se sont aussi engagés à concerter tous leurs efforts pour que les Français y soient aussi bien reçus qu'eux-mêmes l'ont été chez nous.

L'avenir dira, prochainement peut-être, comment ces promesses auront été tenues.

Des quatre personnalités dont M. Warnier prévoyait l'aide effective, deux seulement ont pu être utiles à M. Soleillet :

Sliman ben Messaoud et Molay Ali qui, en décembre 1873, nous a offert généreusement d'accompagner, à ses frais, l'explorateur à Metlili.

Cette offre a été tenue et au-delà. La Chambre lui en exprime toute sa gratitude.

Sidi Eddin se mettait en révolte lors des préparatifs de l'expédition, et Cheikh Othman était mort depuis peu.

Examinant les résultats obtenus et la conclusion qu'en formule M. Paul Soleillet, la Chambre considère, vu surtout l'exiguïté de ses ressources budgétaires, qu'il ne lui est pas loisible de se disposer pour une deuxième exploration dont l'urgence ne saurait pourtant être contestée. Elle s'en est expliquée avec M. Soleillet.

Afin de donner à l'affaire l'entier caractère d'intérêt général qui lui appartient, tant au point de vue algérien qu'à celui de l'influence française, elle ne croit pas, d'ailleurs, que ce soit d'une seule de nos provinces que doive en partir l'initiative et la direction.

Il y a plus à faire, en définitive, que de mettre en mouvement une de nos places commerciales agissant isolément.

Aujourd'hui, la question doit procéder d'errements plus énergiques, par une entente commune du commerce de la Colonie, en général.

La route est ouverte du Sahara sur l'Algérie.

Elle est marquée pour les Algériens sur le Sahara.

Les Sahariens peuvent donc venir à nous sans difficulté.

Pour que nous allions à eux sans encombre, il faut agir diplomatiquement et par la persuasion auprès des peuplades en lesquelles il échet de porter notre action civilisatrice et commercialement pacifique.

Diplomatiquement. C'est l'affaire du gouvernement qui, seul, peut établir les ouvertures nécessaires vis-à-vis du Maroc, que la Chambre a déjà fait pressentir, par le ministre plénipotentiaire de France à Tanger.

Persuasivement. On peut le faire en organisant de suite pour le mois de septembre ou d'octobre prochain, ainsi que le propose M. Soleillet, une caravane à laquelle seraient invités à participer les négociants des trois départements algériens.

Le rendez-vous serait fixé en un point accessible à tous, et l'État devrait garantir par ses propres moyens ou à ses frais, le port gratuit des marchandises à l'aller et au retour.

Suivant les circonstances, on irait à El-Goléa ou à Ouargla, attendre les trafiquants du désert, après qu'avis en aurait été transmis aux villes du Touat.

Si on reconnaissait la convenance de passer au-delà de notre frontière sud, le convoi la franchirait et commercerait directement sur un ou plusieurs points, selon que l'opportunité en serait démontrée.

Tel est l'essai immédiat que la Chambre juge praticable.

On en développerait plus opportunément les conséquences en créant ensuite une foire annuelle à El-Golea, à l'époque qui serait reconnue la plus favorable à tous les intérêts qu'il s'agit de faire converger vers un but unique : la reprise d'un ordre de choses dont on peut à bon droit être surpris de ne pas retrouver de nos jours la transmission traditionnelle.

L'administration accueillant cette proposition devrait, la première année, se charger des mêmes dépenses que pour la caravane et pourvoir à l'installation du campement indispensable à des européens.

C'est une étude à faire.

Une foire en cette position peut résoudre bien des difficultés.

Peut-être y fixerait-on une sérieuse étape de la route sur Tombouctou et tout l'inférieur de l'Afrique, de manière à placer en communication presque directe l'Algérie et le Sénégal.

Ce serait un grand essor donné à l'ingérence que la France peut et doit exercer sur ce continent, où elle occupe deux extrémités importantes, au nord et au sud-ouest.

Parmi les agissements les plus décisifs à employer pour la réussite d'ensemble de l'œuvre encore projetée, la Chambre ne peut passer sous silence la réouverture du bureau de douane, antérieurement établi à Laghouat, auquel étaient dévolues les opérations du transit sur le sud, par la province d'Alger.

Mieux encore, il serait plus logique d'assimiler le pays

au-delà de Laghouat aux oasis de Biskra, affranchies depuis peu de toute redevance douanière (1).

Cette particularité, annotée incidemment pour ordre, sera traitée dans un travail spécial que la Chambre adressera ultérieurement au gouvernement local.

Enfin, comme complément ou prémices de ces mesures, il faut que la libre circulation nous soit acquise, à titre définitif, au Touat et dans les régions avoisinantes qui relèvent de l'empire marocain.

Le moyen le plus naturel et le plus efficace d'y parvenir serait l'institution d'une agence consulaire française, qui aurait cette double signification, de rassurer nos nationaux et les autres européens sur la sécurité de leurs personnes et de leurs biens, en même temps que les indigènes auraient la preuve et la conviction que nous n'avons à leur endroit aucune pensée de conquête ou d'annexion.

Car, il y a ce fait à relever que si, aujourd'hui, le sultan du Maroc est reconnu au Sahara limitrophe de l'Algérie, c'est grâce à la crainte qu'on y aurait conçue, il y a quelques années, d'être envahi par les troupes françaises. C'est alors qu'on s'y réclama de la souveraineté du Chérif des chérifs en offrant de lui payer un impôt, qui fut accepté.

Un des côtés les plus intéressants, à coup sûr, de la question du Soudan, est la traite des Nègres, qui s'opère sous nos yeux, pour ainsi dire. (2).

En établissant des relations sérieuses avec la Soudanie, nous pourrions détourner cet ignoble trafic, qui est la honte de l'humanité, en le faisant refluer vers l'Algérie, sous la forme d'engagement conditionnel.

On obtiendrait par là, en peu d'années, un surcroît de population sobre, laborieuse, que la reconnaissance nous rendrait fidèle et dévouée.

Cette adjonction de peuplement nous procurerait une

---

(1) Il serait juste que l'oasis de Laghouat, qui se trouve dans une situation identique à celui de Biskra, jouît des mêmes immunités.   P. S.

(2) Le 30 avril et le 26 juin 1873 j'avais exposé devant la Chambre de commerce d'Alger, mon projet de peuplement du Sahara, par les noirs ; elle ne l'a pas oublié, on le voit.   P. S.

plus facile appropriation du Tell supérieur aux travaux de toute sorte que ne peut tarder à faire surgir la mise en mouvement de ses incalculables débouchés.

Pour copie conforme au texte adopté par la Chambre, en ses séances des 18 et 22 juillet courant.

Alger, le 23 juillet.

Le Président de la Chambre de commerce,

Henry fils.

PIÈCE JUSTIFICATIVE

C

Dépêche de Monsieur le Gouverneur Général civil de l'Agérie

N° 147; de l'État-Major Général (Section des affaires indigènes)

Alger, le 3 août 1874.

Au sujet du rapport de la Chambre de Commerce d'Alger, sur l'exploration de M. Soleillet, dans le Sahara.

Monsieur le Président,

J'ai lu, avec beaucoup d'intérêt, le rapport de la Chambre de Commerce d'Alger, sur l'exploration commerciale qui a été faite cette année par M. Paul Soleillet, dans le Sahara central.

Je joins mes félicitations à celles que la Chambre a adressées à M. Soleillet, et je vous prie de vouloir bien les lui transmettre. Il les mérite certainement, car s'il n'est pas exact, (1) selon moi, de dire que l'explorateur a retrouvé la voie des anciennes relations de l'Algérie avec l'intérieur africain, voie qui n'a pas cessé d'être connue, il a rendu un service incontestable, au commerce national, en la parcourant dans un voyage qui n'a pas été sans difficulté, ni sans péril.

---

(1) Toutes les explorations avant la mienne avaient été dirigées sur Ghadames, Ghat, ou Timimoun ; je suis le seul ayant eu pour objectif In-Çalah et l'ayant atteint. — P. S.

Une deuxième exploration viendrait très-utilement, sans aucun doute, compléter le premier résultat obtenu. En attendant, l'organisation sérieuse d'une caravane d'essai, à laquelle les négociants des trois départements algériens seraient invités à participer, ne pourrait produire que d'heureux effets ; mais l'État ne saurait se charger du transport des marchandises à l'aller et au retour, ainsi que la Chambre le voudrait. Ce qui a été fait dans ce sens, une première fois, à titre d'encouragement, ne pourrait avoir lieu de nouveau ; les détails d'exécution doivent rester à l'initiative du commerce.

Le gouvernement continuera, d'ailleurs, à aider, par les moyens dont il dispose, des entreprises que la Chambre de Commerce patronne et qui sont d'intérêt général. J'écris au Ministre de France à Tanger pour le prier de s'employer auprès du gouvernement marocain afin qu'il use de son influence sur les sujets de l'Empereur dans le Touat, dans le but de faire cesser des appréhensions non justifiées qui tiennent ces sahariens éloignés de nous, alors que leur intérêt bien entendu les appellerait à nouer des relations avec le commerce algérien.

En même temps, je prescris de rechercher quels sont les Mzabites dont les menées tendent à s'opposer à l'immixtion du commerce français dans le Sahara et dans le Soudan, et je vous prie de porter à ma connaissance toutes les communications qui ont pu vous être faites et sont de nature à faciliter les investigations de l'administration.

Il est très-possible que le Mzab, dans le but de se ménager le monopole des transactions dans le Sud, veuille contrarier les relations directes de notre commerce de ce côté. La Chambre peut être certaine que je négligerai rien pour faire revenir les Mzabites sur cette fausse appréciation de leurs intérêts et leur faire comprendre qu'ils auront au contraire tout avantage à être les auxiliaires des relations que nous cherchons à créer.

Ces relations, nous pouvons espérer les voir s'établir dans des conditions sérieuses. Le voyage de M. Soleillet a été un moyen, un premier pas fait dans une voie qu'il faut suivre avec persévérance. Une caravane d'essai partant au mois d'octobre, ferait un second pas, et il me paraîtrait bon que les commerçants qui la composeraient n'allassent cette fois que jusqu'à Ouargla ou El-Goléa et se servissent ensuite d'intermédiaires indigènes entre ces points et le Touat.

Lorsque les Soudaniens seront convaincus que le commerce est bien réellement notre unique but, ils se décideront à se rapprocher de nous, et l'idée de l'ouverture d'une foire annuelle à El-Goléa, me semble excellente pour les attirer et faciliter les rapports.

Je ne verrais que des avantages à ce que le pays au delà de Laghouat fût déclaré pays franc, et je suis disposé à faire un accueil favorable au rapport spécial que la Chambre se propose de m'adresser à ce sujet.

Enfin, la création d'une agence commerciale à In-Çalah, confiée à un homme sérieux, serait, je le crois comme vous, une mesure qui amènerait un résultat heureux, et je vais saisir de cette question M. le Ministre de l'Intérieur, qui a déjà admis, en principe, la création d'un poste de ce genre à Ghadamès (1).

Je terminerai cette lettre en exprimant la foi que j'ai dans les efforts intelligents dirigés depuis un an par la Chambre d'Alger, pour renouer des relations commerciales avec le Touat et le Soudan ; ces efforts seront, j'en ai la conviction, couronnés de succès dans un avenir plus ou moins éloigné ; mais ce serait, je crois, se faire illusion, que d'espérer voir ces relations reprendre les proportions qu'elles avaient autrefois. Les esclaves formaient, en effet, alors, la base du commerce, et la vente en étant impossible dans nos possessions, il a pris la direction de l'Ouest et de l'Est.

(1) Non-seulement le poste de Ghadamès avait été créé, la personne qui devait le remplir avait été aussi choisie par l'administration algérienne. M. Cusson recevait une commission d'agent consulaire, avec promesse d'être nommé vice-consul. A peine nommé, au lieu de se rendre à Ghadamès, il vendait quelques marchandises qui lui avaient été confiées par le commerce de Paris et s'enfuyait en Belgique, où la justice n'a pu l'atteindre que par une condamnation par défaut à deux ans de prison. Voyez le journal l'*Explorateur*, n° du 24 juin 1875, p. 485. P. S.

Le moyen que vous indiquez pour faire refluer le trafic des esclaves vers l'Algérie, me paraît bien difficilement réalisable. La question mérite toutefois d'être étudiée.

En estimant à cent millions par an le chiffre d'affaires que le débouché africain doit nous procurer, M. Warnier a exagéré, je le crains ; un chiffre plus réduit serait, d'ailleurs, encore un appât suffisant.

Agréez, etc...

Le gouverneur général civil, commandant en chef des forces de terre et de mer,

Général CHANZY.

POST-FACE

J'ai cru un moment, je l'avoue, que l'on allait enfin faire quelque chose en Algérie.

Les propositions de la Chambre de Commerce d'Alger étaient si raisonnables, d'une exécution si facile, les résultats pratiques en étaient si certains! Chacun pensait, qu'après tant de tâtonnements, un essai sérieux allait être fait ; l'idée de créer une foire à El-Goléa ou sur un autre point du Sahara paraissait surtout si utile ! Nul n'osait imaginer que ce projet comme tant d'autres resterait à l'état de simple projet. Cela était tellement évident, que M. Napoléon Ney, officier français en garnison en Afrique, disait, dans une étude publiée par la *Revue des Deux Mondes* : grâce aux foires ouvertes par le gouvernement dans le Sahara, la question des relations commerciales à établir entre l'Algérie et le centre de l'Afrique va avoir une prompte et heureuse solution.

Je partageais l'erreur commune, croyant que mes services en telle occurence pourraient être de quelque utilité ; j'attendis patiemment à Alger, du mois de juin au mois de décembre, le résultat des promesses que la Chambre de Commerce d'Alger m'avait faites par ses lettres, où elle me disait *que je serais utilisé dans la suite qui serait donnée à mon exploration*.

Je finis par comprendre qu'encore cette fois il n'y aurait rien de fait en Algérie, et je quittais Alger, désillusionné, mais non désespéré ; la foi que j'ai dans la réussite certaine de l'idée que j'ai mise en avant me donna le courage de laisser le bâton du voyageur pour celui de l'apôtre. J'arrivai en France, et je me mis immédiatement à développer mes projets par tous les moyens en mon pouvoir, faisant des conférences, écrivant dans les journaux, m'affirmant au Congrès international des Sciences géographiques (session 1875).

Le cœur plein de confiance, j'attends le moment où il me sera donné de reprendre, en Afrique, mes explorations ; si l'avenir me réservait cependant la douleur de ne pouvoir moi-même compléter mon œuvre, j'aurais au moins la consolation d'avoir fait tout ce qu'il était humainement possible de faire, certain que mes travaux et mes souffrances n'auront point été sans utilité pour mon pays ; cette seule pensée me donnerait le courage de voir sans envie la gloire de ceux qui exécutant quelques-unes des idées ici émises, en retireraient l'honneur et le profit, Mon plus cher désir n'en serait-il pas accompli, il y aurait une chose utile de faite pour la FRANCE en AFRIQUE.

FIN.

TABLE

	Pages.
Dédicace.	
Première Liste de Souscriptions (A l'avenir de la France en Afrique)	
Introduction.	1
I. — De l'influence que devraient nous donner en Afrique nos colonies de l'Algérie et du Sénégal.	1
II. — Routes Commerciales du Sahara.	5
III. — Causes qui ont fait cesser les relations de l'Algérie avec l'Afrique Centrale.	12
IV. — Moyens proposés pour ramener en Algérie le Commerce de l'Afrique Centrale.	16
V. — Établissement indispensable d'un Consul Français dans le Sahara Central.	23
VI. — Commerce du Sahara avec l'Afrique du Nord et le Soudan.	34
VII. — Chemin de fer d'Alger à Tombouctou et Saint Louis.	48
VIII. — Fertilisation du Sahara.	57
IX. — Abolition de l'esclavage dans l'Afrique Occidentale par le peuplement du Sahara.	62
Conclusion.	67

Pièces justificatives :

A. — Lettre du Dr Warnier, député d'Alger, à Monsieur le Président de la Chambre de Commerce d'Alger. 70

B. — Rapport de la Chambre de Commerce d'Alger, à Monsieur le Gouverneur général civil de l'Algérie, sur l'exploration commerciale et scientifique de Monsieur Paul Soleillet, à l'oasis d'In-Çalah. 75

C. — Lettre de Monsieur le Gouverneur général civil de l'Algérie à la Chambre de Commerce d'Alger (réponse à son rapport). 98

Post-Face 102

www.ingramcontent.com/pod-product-compliance
Lightning Source LLC
Chambersburg PA
CBHW070529100426
42743CB00010B/2013